LES
HUGUENOTS

DANS LE BÉARN ET LA NAVARRE

DOCUMENTS INÉDITS

PUBLIÉS POUR LA SOCIÉTÉ HISTORIQUE DE GASCOGNE

ET ANNOTÉS PAR

A. COMMUNAY

PARIS	AUCH
HONORÉ CHAMPION	COCHARAUX FRÈRES
ÉDITEUR	IMPRIMEURS
15, quai Malaquais, 15	11, rue de Lorraine, 11

M DCCC LXXXV

ARCHIVES HISTORIQUES
DE LA GASCOGNE

FASCICULE SIXIÈME

LES HUGUENOTS DANS LE BÉARN ET LA NAVARRE

PAR

A. COMMUNAY.

PRÉFACE

Le quatrième fascicule des *Archives Historiques de la Gascogne* contient un émouvant récit de l'invasion du Midi par Mongonmery. Grâce à la savante publication de MM. Durier et de Carsalade du Pont, les moindres faits de guerre qui eurent le comté de Bigorre pour théâtre sont entièrement dévoilés. Continuer ce grand travail par un second ayant trait au Béarn paraissait nécessaire, et c'est à quoi nous avons tenté de parvenir en réunissant tous les documents se rapportant à cette sanglante épopée. Pour bien compléter cette étude, il nous a paru intéressant de remonter jusqu'à l'origine même de la lutte qui devait amener de si terribles résultats dans les États de Jeanne d'Albret.

Les documents ainsi recueillis comprennent une période assez étendue, 1563 à 1575. Ils font tour à tour connaître la situation religieuse du Béarn à la mort d'Antoine de Bourbon, montrent les premiers germes de la guerre civile, enfin contiennent des

1

détails nouveaux et précis sur la lutte qui ensanglanta si longtemps cette province.

Une grande partie des pièces utilisées sont extraites du volume 151 de la collection Baluze, déposée à la Bibliothèque nationale. Il semble que Mlle Vauvilliers les ait eues en mains, lorsqu'elle écrivit son *Histoire de Jeanne d'Albret*. De son côté, M. l'abbé Puyol en fait mention dans son ouvrage, *Louis XIII et le Béarn*. « Rien de plus instructif, dit ce savant « auteur, que ces dépêches concises, écrites sur de « minces bandes de papier ou de parchemin, afin de « pouvoir être facilement roulées et cachées par les « messagers hardis qui portaient les communications « des Béarnais à la reine Jeanne d'Albret, à travers « des contrées ennemies. »

Les archives de province nous ont également fourni de précieux renseignements, et le lecteur, s'aidant du remarquable travail de MM. Durier et de Carsalade, pourra ainsi avoir une connaissance exacte de la rapide campagne de celui que l'on avait surnommé le *Dompteur de la Gascogne*.

INTRODUCTION

1563. — 24 SEPTEMBRE.

(Original. — Bibliothèque nationale, fonds français, volume 15878, f° 1471.)

[M. GUYON DU GOUT (1)
A LA REINE CATHERINE DE MÉDICIS.]

Madame, Suivant vostre commandement je suis venu en ce lieu de Pau, où j'ay trouvé la Royne de Navarre, à laquelle j'ay presenté vos letres, ensemble luy ay dict la charge de la creance qu'il avoit pleu à Vostre Magesté me donner, qui estoit que vous la vouliez bien advertir de la necessité en quoy elle mecttroit son pays de Bearn, ses subjectz et l'estat de sa maison, si elle ne faisoit vivre ses dictz subjectz comme le Roy fait vivre les siens ; et faict entendre comme les Pères du concile estoient après pour faire ung decret pour declarer ses terres et seigneuries acquises et confisquées à celluy qui les lui pourroit hoster (2). Plus luy ay dict que Vostre dicte Magesté m'avoit commandé luy dire que toutes ces susdites choses ne se pourroient faire

---

(1) Guyon du Gout, seigneur de Saint-Germier, chevalier de l'ordre du roi. Dès 1563, il figure dans les comptes du domaine de Fezensaguet comme gouverneur de cette province (Arch. des B.-P., B. 1582). — Cette charge lui fut confirmée par Monluc en 1568. *(Comment. de Monluc*, édition de la Soc. de l'Hist. de France, t. III, p. 263). Voir Courcelles, *Hist. généal. des Pairs de France*, t. VI, généal. du Gout, p. 64.

(2) La bulle d'excomunication lancée contre la reine de Navarre porte la date du 28 septembre 1563. Un délai de six mois lui était accordé pour aller faire amende honorable en cour de Rome.

sans mettre le Roy en dangier d'une grande guerre, de laquelle le Roy n'avoit besoing, et que s'il advenoit que Sa dicte Magesté entrast en la dicte guerre par tel inconvenient, Sa dicte Magesté et la Vostre ne tiendroient pour parent, amy ny serviteur, ny bon subject celluy qui en seroit cause. A quoy la dicte Dame m'a faict responce qu'elle vous remercie très humblement du soing qu'elle veoid et congnoist que vous avez tant de sa personne que de ses subjectz, lesquelz elle tient vostres comme siehs, et qu'elle seroit autant marrie de veoir entrer le Roy en une guerre par faulte d'elle ou de ses subjectz que de choses qui luy pourroint advenir, comme elle vous fera trop mieux entendre par homme exprès qu'elle envoiera bien tost vers Vostre Majesté ; qui est tout ce que la dicte dame m'a dict pour vous faire entendre, fors qu'elle faict ce qu'elle peult pour faire vivre ses d. subjectz en toute bonne justice et pacification. De quoy, Madame, je vous puys bien asseurer, ayant trouvé toute autre tranquilité que ce qu'on vous avoit rapporté, ainsi que Monsr de Losse (1), s'estant trouvé ici en mesme temps que moy, pourra tesmoigner à Vostre Magesté.

Je luy ay dict le commandement que vous me feistes à mon parte-ment de luy faire service. Elle m'a dit qu'elle me fera entendre sa volonté quant l'occasion s'y presentera et que vous luy aviez escript qu'elle m'emploiast à son service, chose que j'ay trouvé ung peu estrange, veu que à mon partement vous ne m'en aviez dict quelque mot. Mais, Madame, puys que vous l'avez escript de vostre main, vous le voulez, et puys que Vostre Magesté le veult, je vous supplie très humblement croire que en tout et partout où elle me vouldra emploier, je y mettray ma personne et mes biens, voire ma vie s'il est besoing.

Je partiray demain de ce lieu, pour m'en aller en ma maison où j'attendray voz commandemens pour les recepvoir et accomplir aussi humblement, comme je supplie Nostre Seigneur vous donner,

Madame, en santé très heureuse et longue vie.

Vostre très humble et très obeissant subject et serviteur,

GUYON DU GOUT.

De Pau, ce XXIIIIe septembre 1563.

---

(1) Jean de Losses avait été quelque temps gouverneur du prince de Béarn, depuis Henri IV. Destitué par Jeanne d'Albret, il reçut, semble-t-il, commission de la cour de France d'enlever cette princesse et ses enfants (*Hist. de Béarn et Navarre*, par N. de Bordenave, édit. de la Société de l'Hist. de France. p. 152). — Monluc fait mention de l'envoi du sieur de Losses auprès de la reine de Navarre, mais sans indiquer le but de sa mission (*Comment.*; t. IV, p. 296). — Depuis, il fut nommé lieutenant du roi en Agenais et en Quercy. — Il mourut en 1580, étant capitaine des gardes du roi Henri III.

1563. — NOVEMBRE (1).

(Autog. — Bibl. nation., f. fr., vol. 3152, f° 25.)

[LA REINE DE NAVARRE AU CONNÉTABLE
DE MONTMORENCY.]

Mon cousin, Oultre l'amitié que je m'estoye tousjours asurée que vous me portiez, La Chassetière m'en a aporté telle confirmation que je ne veux faillir vous en remersier bien fort et asurer que je la tiens sy chere que je la conserveray avecq tous les bons offises qui seront jamays en ma puissance. Mon cousin, ayant entendu qu'il plaist à Sa Majesté que je luy aille baiser les mains, j'ay resolu avecq extreme desir d'y aller et envoye se porteur pour entendre quel chemin elle prand, pour aseurer le mien et le lieu où elle aura agreable que je l'aille trouver. Au demeurant, mon cousin, ayant tel soing que je dois de mon pays de Bearn pour laisser mes interestz en mon absence entre les mains de quelqu'un qui le gouverne et entretienne en paix et en mon obeissance, je suplie très humblement Sa Majesté commander à Monsʳ de Gramont de me venir trouver, ausy que je seray bien aise d'y en metre ung qu'elle eut agreable, pour eviter les calomnies à quoy j'ay esté sujecte et au plus grand tort du monde, si je ne suis avisée d'une aultre chose, ausy si vous le trouvez bon; il me semble bien estre au grand service du roy et peult estre plus que l'on ne cuide, c'est que j'ay des pays en ceste Guienne que je tienz soubz l'obeissance de mon roy, Cominge, Foys, Albret, Armaignac, Bigorre et aultres, ausquelz, par la malise d'aulcuns et nonobstant tout ordre que j'y eusse seu metre, les troubles ont esté grands, et les darniers estainctz, je les [crois] estre aisez à ralumer. Toutes fois maintenant par mon industrie ils sont pacifiez et bien remis. Or, mon cousin, la chose que plus je desire en ce monde, c'est que, comme je veux par très humble obeissance et fidelle servitude monstrer le chemin aux aultres subjets de Sa Majesté, qu'ainsi je veus que mes pays soyent ceux ausquelz ses edictz seront les plus observez et honorez, ce que je crains merveilleusement, moy elongnée, ne se face comme

(1) Cette pièce, non datée, qui a été publiée par M. de Rochambeau dans ses *Lettres d'Antoine de Bourbon et de Jehanne d'Albret*, a été par erreur placée en l'année 1565. — L'arrivée en Béarn du comte de Gramont au mois de janvier 1564, permet d'attribuer à la lettre de la reine de Navarre une date à peu près certaine. — Bien que le recueil dans lequel cette lettre a été publiée pour la première fois soit à la portée de tout le monde, nous n'avons pas hésité à la reproduire à cause de son importance, usant en cela de la latitude que nous laisse le titre d'*Introduction* sous lequel elle est placée. Cette remarque s'applique également aux deux lettres de la même princesse qui suivent.

je le demande. L'occasion, vous la pouvez juger, car ce brouillon, ennemi de toute paix (1), ne cessera jamais qu'il n'y ait barbouillé quelque chose, et pour dire, *c'est au pays de la royne de Navarre,* comme sans l'ordre que j'y ay donnée, il l'eust dejà faict ; mais, moy absente, c'est ma crainte. Je me suis avisée que la Royne permetant à Monsr de Gramont, à ma requeste, de venir commander en mon pays souverain de Bearn, auquel il sera fort bien obey pour y estre par mon commandement, qu'aussy il y est mon subjet naturel et connu pour gentilhomme digne (2) ; et s'il plaisoit à la Royne que par son authorité et commendement du Roy et d'elle, il commandast en nos aultres pays qui sont soubs l'obeissance du Roy, je vous diray ce mot que le Roy en sera myeulx servi. Si toutes mes raisons que je vous prie peser bien sont bonnes, servés en le Roy et le faictes trouver bon à la Royne. — Vous priant, mon cousin, me continuer ceste bonne voulonté, et je prieray Dieu vous donner ce que vous desirés.

Vostre bonne cousine et parfaicte amye,

JEHANNE.

Ma cousine, Madame la Connestable, trouvera icy mes affectionnées recommandations.

1563 (1564). — 4 FÉVRIER (3).

(Orig. — Biblioth. nat., f. fr., vol. 15879, f° 34.)

[LE COMTE DE GRAMONT (4) A LA REINE CATHERINE DE MÉDICIS.]

Madame, Estant arrivé en ce lieu de Pau, j'ay faict entendre à la Royne de Navarre ce qu'il avoit pleu à Vostre Majesté me commander luy dire et d'aultant que ces pays de Bearn estoient en quelque different

(1) Jeanne d'Albret fait sans doute allusion à Monluc, auquel elle reprochait d'empiéter sur son autorité royale et d'attaquer sans cesse ses sujets.

(2) Charles IX et Catherine de Médicis ne firent aucune difficulté de permettre au comte de Gramont de quitter la cour et de lui laisser accepter la charge de lieutenant général en Béarn et Navarre. Quoiqu'on le soupçonnât fortement d'être huguenot, le comte de Gramont paraissait à leurs yeux avoir trop d'attaches *françaises* pour prendre le parti de Jeanne d'Albret contre le roi de France.

(3) Nos lecteurs doivent ici faire cas de l'ordonnance de Charles IX du mois de janvier 1564 (que l'on comptait encore 1563) portant qu'à l'avenir l'année commencerait au premier jour de janvier et non à Pâques, ni à l'Incarnation ou à la fête de J.-C., suivant les usages qui s'étaient introduits en France.

(4) Allié par Hélène de Clermont, sa femme, au prince de Condé, au connétable de Montmorency, à l'amiral de Chatillon, au vidame de Chartres, tous

pour le faict de la religion (se contenantz toutesfoys tous en l'humillité et obeissance qu'ilz doibvent à leur princesse), la dicte dame n'a peu jusques à present vous faire entendre l'ordre qu'elle y avoit mis, qui est tel, Madame, qu'après avoir faict assembler tous ses estats et receu d'eulx les supplications qu'ilz luy ont volu presenter et entendu particulierement et generalement leurs plainctes, la dicte dame a sur ce faict rendu une ordonnance et estably ung tel reglement, que tous ses subjectz d'ung commun accord et consentement ont accepté et s'en sont contantez (1) ; de façon qu'ilz desirent et mesmes crient que le premier contrevenant à ceste ordonnance soyt chastié et pugny, affin que tous les autres y puissent prendre exemple. Je loue Dieu de ce que les choses ont prins telle fin tant pour le service, soulaigement et repos de la dicte dame et de ses subjects, que aussi pour celuy du Roy et vostre : car par là Vostre Majesté congnoistra qu'il ne fault poinct tant craindre les dangiers que l'on vous proposoit si grandz, et vous pourrois presque asseurer, Madame, que de ce costé pour ce regard n'en viendra poinct d'inconvenient, ayant cogneu aux Bearnoys une telle volunté et obeissance à l'endroict de leur Princesse

ennemis jurés des Guises, — Antoine, comte de Gramont, fut l'un des principaux chefs du parti protestant. Jeune encore, il s'était signalé à la conquête de Calais et du Boulonnais. A Orléans, nous apprend Brantome, il amena six mille hommes de Gascogne, *tous vieux soldats et bons s'il en fut oncques*. En 1565, lors de l'entrevue de Bayonne, l'un des ambassadeurs espagnols déclarait hautement à Catherine de Médicis que, pour extirper l'hérésie du royaume de France, le moyen le plus expéditif était de trancher la tête à Condé, à l'amiral, à d'Andelot, à La Rochefoucault et à Gramont. (*L'entrevue de Bayonne*, par le comte H. de La Ferrière. — Revue des Questions Historiques, octobre 1883). — Il n'est donc pas surprenant de voir M. de Gramont partisan déclaré des réformes de Jeanne d'Albret et faire cause commune avec les protestants de Béarn. Voici le portrait que trace du comte de Gramont l'historien Bordenave : « Il estoit homme de gentil esprit et meilleur jugement, libéral « et fort accostable et avoit ceste grace que sans mescontenter l'une religion, « il donnait contentement à l'autre et estoit respectivement aimé, reveré et « craint des uns et des autres..... L'autorité de cest homme estoit si grande, « mesmes envers les plus mutins, que sa présence ou mandement refroidissoit « les plus eschaufez et appaisoit les plus seditieux. La religion réformée accreut « beaucoup en Béarn durant son gouvernement et les églises reformées y « estoient en aussi grande seurté et liberté qu'en aucune autre province de « l'Europe ». — Depuis, renonçant à soutenir une religion qu'il ne paraît jamais avoir pratiquée bien ouvertement, le comte de Gramont entra en lutte avec le baron d'Arros, chef reconnu des protestants de Béarn.

(1) Cédant aux demandes réitérées des États, Jeanne d'Albret se détermina à autoriser la liberté de conscience, c'est-à-dire que ceux qui pratiquaient la religion romaine avaient la faculté de suivre l'exercice de leur culte, mais sans chercher à réparer ou innover (*Hist. des Troubles survenus en Béarn*, par Poeydavant, t. I, p. 216).

que si moy mesmes ne l'eusse veu, à grand peine l'eussé-je creu. Je mectray toute la peine et dilligence qu'il me sera possible de les contenir en cest office, tant pour satisfaire à l'obligation que j'ay au service de la dicte dame que aussi pour obeyr aux commandemens qu'il a pleu à Vostre Majesté me faire, lesquelz j'auray tout à jamais en telle recommandation qu'ilz seront accompliz et obeyz de moy de toute la fidellité et obeissance qui ce peult desirer d'un très fidelle et très obeyssant subject et serviteur qui n'a et ne veult tenir honneur ny advantaige de ce monde que celluy qu'il aura par la main de Vostre Majesté. Monsieur de La Caze (1), personnaige digne d'estre creu et qui mesmes a beaucoup servy en ce faict, fera entendre à Vostre Majesté tout ce qui se passe de deçà. Sa suffizance et le manyment qu'il a eu des affaires de la Royne de Navarre me garderont d'en dire davantaige, estant asseuré qu'il en rendra si bien compte à Vostre Majesté qu'elle n'y trouvera que redire.

Madame, j'ay entendu que Monsr de Monluc a quicté la charge qu'il avoit en Guyenne (2), et d'aultant que Vostre Majesté remit pour le regard de moy à quant la Royne de Navarre seroit arrivée à la court, j'ay suplyé la dicte dame vous en escripre (3). Quoy que ce soit, Madame, je ne souhaicte ny desire que ce qu'il plaira à Vostre Majesté, bien la suplieray-je très humblement me faire cest honneur de s'asseurer qu'elle ne despartira jamais honneur ny faveur à personne qui vive qui plus voluntiers ny de meilleur cueur expose biens et vie pour le service de Vostre Majesté que je feray tant qu'il plaira à Dieu me tenir en ce monde.

(1) Pons de Pons, seigneur de La Caze, baron de Montgaillard et de Roquefort de Marsan, sénéchal des Lannes, un instant gouverneur du jeune prince de Navarre. Après la Saint-Barthélemy, M. de La Caze revint en Béarn, où il se montra l'ami et le partisan dévoué du baron d'Arros ; il fut même chargé par celui-ci de veiller sur le comte de Gramont, fait prisonnier à Hagetmau. — En 1574, Pons de Pons passa en Saintonge et tint la campagne avec le sieur de Plassac, son frère. Il périt dans une rencontre. D'après d'Aubigné, on trouva sur lui l'épitaphe suivante :

> Passant, ne pleure que pour toi,
> Si je passe en meilleure vie ;
> Je n'ay besoin de ma patrie,
> Mais elle aura faute de moi.

(2) Le 28 décembre 1563, Monluc écrivait à M. de Damville que le Roi n'avait pas voulu accepter sa démission et qu'il conservait son commandement encore trois ou quatre mois. Il indique même son successeur probable, mais sans le nommer (*Comment:*, t. IV, p. 308).

(3) On verra par la lettre suivante quels étaient les motifs qui faisaient souhaiter à Jeanne d'Albret le rappel de Monluc. On peut encore consulter à ce sujet les *Lettres d'Antoine de Bourbon et de Jeanne d'Albret*, publiées par le marquis de Rochambeau (Édit. de la Société de l'Histoire de France, Paris, 1877).

Madame, je suplye le Createur donner à Vostre Majesté, en bonne santé, très heureuse et longue vye avecques entiere prosperité en tous ses affaires.

Vostre très humble et très obeissant sujeet et serviteur,

DE GRAMONT.

De Pau, le iiiie fevrier 1563.

1563 (1564). — 15 FÉVRIER

(Copie. — Biblioth. nat., collect. Clairembault, vol. 354.)

[LA REINE DE NAVARRE AU CONNÉTABLE DE MONTMORENCY.]

Mon cousin, Il y a fort long tems que je me feussse rendeue à la court sans les nouveaux empeschemens qui me surviennent tousjours quand je suis sur le point de partir au moyen de Monluc (1) qui ne cesse de se forger toutes les allarmes qui peult du costé de nos terres, affin d'avoir occasion de se jetter dedans mes maisons comme à Neracq, le Mont de Marsan, Lectore, Castelgeloux et autres de mes places, ainsy qu'il s'en est descouvert en quelques lyeulx que je sçay bien et que je ne seray pas si tost esloignée de ce pays qu'il n'y face ung beau mesnage ; ce que, mon couzin, uzant de vos accoustumés bons offices envers moy, je vous prye faire bien entendre à la Reyne et m'aider pour me delivrer de toutes ces peynes, ou que l'on envoye quelqu'autre en sa place qui soit ung petit plus saige et ayt moings de passion, ou pour le moings, quelque chose qu'il escripve de deçà, comme il est bon coustumier, pour rendre mes terres en jalousie, qu'il n'en soit rien creu, jusques à ce qu'il soit informé de plus asseurée part que la sienne, qui sera tousjours pour de plus en plus m'accroistre les obligations d'amitié que je vous ay, priant Dieu etc.....

Vostre bonne cousine et parfaicte amie,

JEHANNE

De Pau, le xve jor de febvrier 1563 (2).

---

(1) Monluc, ainsi que Damville, seront souvent nommés dans ce travail ; nous nous abstiendrons cependant de donner sur eux des notes biographiques. Le savant annotateur de la nouvelle édition des *Commentaires de Monluc*, M. de Ruble, a trop bien défini leurs rôles et leurs personnalités, pour qu'après lui il soit besoin de consacrer quelques lignes nouvelles à ces deux capitaines.

(2) Peu de jours après, Jeanne d'Albret écrivait encore à M. de Montmorency : « Mon cousin, Vous avez entendu par le s^r de La Caze et par une aultre depesche « les occasions assez faicheuses qui me retiennent isy, maulgré moy, pour

1563 (1564). — FÉVRIER.

(Minute. — Biblioth. nat., f. fr., vol. 15879, f° 86.)

[LA REINE CATHERINE DE MÉDICIS A M. DE GRAMONT.]

Monsieur de Gramont, J'ay esté bien fort aise d'avoir entendu, par ce
que le s^r de La Caze m'a dict et ce que vous m'avez escript, le bon
estat en quoy sont toutes choses au pays de la Royne de Navarre, ma
seur, et qu'elle ayt accommodé le faict de la religion, de façon que ses
subjects ne se puissent ny d'une part ny d'aultre plaindre ny douloir ;
et en cela je n'ignore poinct, avecques la bonne volunté qu'elle en avoit
que vostre prudence et dexterité n'ayt beaucoup servy, en quoy je vous
prye, pendant que vous serez par delà, continuer et faire ces mesmes
bons offices, en sorte qu'estans en si bonne paix, amityé et voisinance
avec le Roy d'Espaigne, comme nous souvenons que de fresche memoire
par le s^r de Lansac (1) il nous l'asseure jusques à vouloyr embrasser
avecques moy la protection de la dicte Royne de Navarre contre ceulx
qui vouldroyent l'offencer et entreprendre sur ces pays (2), les deppor-

« l'envie que que j'ay d'aller faire service au Roy et à la Royne, et encore j'ay
« prié un sieur de Rambouillet vous dire comme tous les jours j'ay empesche-
« ment, mesmement des entreprinses de Monluc sur mes terres. Je vous
« prie, aultant qu'avez le servisse de leurs Magestés en recommandasion, vous
« employer qu'il y soit complètement rémédié. Vous me continuez tant l'obli-
« guasion, mon cousin, que ne say que vous offrir, sinon vous assurer que vous
. « pouvez disposer de tout ce qui est en ma puissance, remectant à la suffisance,
« du s^r de Rambouillet le reste. Je prierai Dieu, mon cousin, etc.... Jehanne ».
(*Arch. Hist. de la Gironde*, t. X, p. 375, document communiqué par M. Tamizey
de Larroque).

(1) Louis de Saint-Gelais, seigneur de Lansac, chevalier des deux ordres du
roi, gentilhomme d'honneur de la reine Catherine de Médicis, conseiller d'état,
ambassadeur à Rome et près du concile de Trente. — Claude de Saint-Gelais,
sa fille aînée, épousa Charles, comte de Luxe, dont il sera plus longuement
question ci-après.

(2) M. de Ruble, que l'on ne saurait trop consulter, nous donne (*Comment.
de Monluc*, t. IV, p. 235) l'explication de la politique du roi d'Espagne. Voici ce
qu'il dit à ce sujet : « Au lieu de se préparer à la guerre, ce prince briguait
« l'alliance de la reine de Navarre. Il lui avait proposé la main de son fils,
« l'infant don Carlos, ou de son frère naturel, l'illustre don Juan d'Autriche.
« L'apport de l'épouse devait être la compensation de la Navarre espagnole.
« Avant d'échanger les derniers engagements le Roi exigeait seulement de la
« part de Jeanne d'Albret un retour sincère et public à la religion catholique.
« Jeanne avait fait à ces propositions un accueil favorable ; elle repoussait don
« Juan d'Autriche, mais elle agréait don Carlos. Malheureusemement chaque
« jour elle se livrait davantage à la Réforme. Sa méfiance de la cour d'Espagne
« et surtout son ardeur calviniste entravèrent peu à peu les négociations.

temens de ceulx desd. pays ne le puissent convier à changer ceste bonne intention qu'il a. Car vous sçavez qu'il n'y a jamais faulte de gens qui veullent faire trouver maulvais les deportemens de leurs voisins (1). Je m'asseure que, vous croiant comme elle faict, il ne s'y fera rien dont il puisse arriver aulcun trouble. Et quand à ce dont m'escripvez et la dicte dame avoir donné charge au s^r de La Caze me parler, je suis bien marrye qu'en cela je ne vous puis gratiffier comme je desireroys, car vous sçavez combien je vouldroys faire pour vous et comme en ce qui vous a touché je me suis employé de bon cueur. Mais il n'y a pour cest heure aucun moyen d'y toucher; se presentant quelque aultre occasion de faire pour vous, soyez certain que je vous auray en telle recommandation que le pouvez desirer.

Au demeurant je vous peulx bien dire que je suis advertye qu'il y a une infinité de gens, estant le concile achevé, qui auroyent envye de brouiller, se persuadant, quelques espritz malins des catholiques, que le concile faict et finy il faut rompre l'edict et craigne aulcuns de la religion qu'on dict refformée qu'on le veuille faire, tellement que cela les meet en deffiance les ungs des aultres et en alarme. Surquoy je vous diray que l'intention du Roy, monsieur mon fils, est de ne souffrir en façon quelconque que son edict soyt rompu ou viollé et qu'il le veult inviolablement faire entretenyr. Dont je vous prie asseurer tous ceulx qui vous en parleront comme de chose veritable affin que ceste vayne peur ne les travaille, tenant main, en tout ce que vous pourrez, à l'endroict de ceulx de la religion qui sont de delà qu'ilz s'en asseurent et se contiennent selon ceste asseurance aux termes de l'edict en toute modestye. Priant Dieu, Monsieur de Gramont, vous avoir en sa saincte et digne garde.

De Fontainebleau, le.... jour de febvrier 1563.

1563 (1564). — 21 MARS.

(Orig. — Biblioth. nat., f. fr., vol. 15879, f° 139).

[LE COMTE DE GRAMONT A LA REINE CATHERINE DE MÉDICIS.]

Madame, Par la letre qu'il a pleu à Vostre Magesté m'escripre, j'ay veu le contentement qu'elle a receu de l'estat en quoy sont toutes

« Philippe II renonça à ce mariage vers le milieu de l'année 1563. Cette affaire « avait donné lieu à une correspondance étendue. Un secrétaire de la reine, « nommé Jensana, était dans le secret; il correspondait avec Juan Martinez « Descurra, agent espagnol, sous le couvert de son fils, Antoine de Lessalde, « établi à Toulouse. »

(1) Cette maxime de l'astucieuse princesse mérite d'être notée: elle ne devait pas tarder à la mettre en pratique.

choses au pays de la Royne de Navarre, mesmement pour le faict de la religion qui est si bien accomodé que tous ses subjectz s'en tiennent pour bien contans, et combien que le reiglement et l'ordre y feut mis tout tel qu'il est à present devant que le s^r de La Caze partit, par lequel Vostre Majesté aura particullierement peu entendre quel il est, si est ce que l'arrivée de Monsr de Passy (1) (qui est icy depuis trois sepmaines ou ung moys) nous y a grandement servy. Je desireroys qu'il y eust esté il y a six moys, car encores que toutes les entreprinses de la Royne de Navarre, lesquelles ne tendent à autre but que, servant à Dieu, satisfaire à la volunté et service de Vostre Majesté (2), ayent prins telle yssue qu'elle eust peu desirer, je m'asseure que, y ayant esté le dict s^r de Passy, les affaires de la religion eussent esté maniez et conduictz avecques plus de doulceur et moings de vehemance, lequel n'a pas beaucoup aprouvé la precipitation de laquelle l'on a uzé. Or, graces à Dieu, tout y va si bien que Vostre Majesté peult franchement lever tous soupeçons et inconvenientz, lesquelz souvantes foys l'on luy a proposé sur l'evenement de ce faict. Et pour plus grande asseurance ledict s^r de Passy a conseillé la dicte dame de faire assembler devant son partement tous les ministres de son pays pour leur bailler une reigle et forme de predication la plus doulce dont l'on se pourra adviser; leur deffendant très expressement de ne user en façon que ce soyt d'invectives ny parolles injurieuses. Je mectray toute la peine et dilligence qu'il me sera possible, tant que je seray icy, de faire observer et entretenir cest ordre, de maniere que j'espere que la Royne de Navarre y sera servie et obeye à sa volunté et Vostre Magesté contante et satisfaicte.

(1) Jacques-Paul Spifame, né à Paris en 1502, suivit d'abord la carrière de la magistrature et devint successivement conseiller, président, maître des requêtes et conseiller d'État. Depuis, étant entré dans les ordres, il fut nommé chancelier de l'Université, vicaire général du cardinal de Lorraine, et, en 1546, évêque de Nevers. Treize ans après, il cédait ce siège à son neveu, Egide Spifame, et se rendait à Genève où il abjurait le catholicisme pour la religion réformée. Sacré ministre par Calvin, sous le nom de *M. de Passy*, il osa bientôt rentrer en France et, après avoir prêché la cène à Bourges, il se rendit en Béarn où Jeanne d'Albret le choisit pour être son garde des sceaux, lui confiant ainsi « le conseil et maniement des affaires d'état, de justice et de police ».

(2) Les promesses du comte de Gramont peuvent paraître quelque peu suspectes. Voici ce qu'on lit dans les *Extraits des Registres de la Chambre des Comptes de Pau*, publiés dans le bulletin de la Société de cette ville, années 1871-1872, p. 96 : « Le 22 mars 1563, la Reine, desseignant d'aller en France « de jour en jour et voyant d'ailleurs que son sexe ne s'accordait pas avec « le maniement et direction de ses armes, nomme et crée pour son lieutenant « général messire Antoine de Gramont, chevalier de l'ordre du Roi tres chrestien, « avec pouvoir de nommer aux offices, casser et suspendre les officiers, ordonner « des finances et octroyer des graces; la patente sur ce décernée fut publiée « et enregistrée le 13 de juin 1564 ». . .

La dicte dame depesche dans deux jours devers le Roy d'Espaigne, prenant son argument sur le remerciement des belles offres que Monsr de Lansac a envoyées. Et d'aultant, Madame, que je sçay combien Vostre Majesté est songneuse et desire non seullement la conservation des pays de la Royne de Navarre, mais aussi le bon mesnaige et reiglement de sa maison, lequel la dicte dame a commis entre les mains dudict s^r de Passy, qui, ayant commancé à mectre la main à ses affaires, l'on s'aperçoit desjà combien ung tel personnaige estoit necessaire en ceste maison (1), par quoy je suplye très humblement Vostre Majesté qu'il luy plaise vouloir escripre à la dicte dame qu'elle croye son conseil et à luy aussi qu'il embrasse tellement son service que l'on puisse bien tost cognoistre le bien et proffict que sa venue aura porté à ceste maison. Je ne doubte poinct qu'il n'en aye fort bonne volonté, mais je sçay bien qu'il porte tant d'honneur et reverance aux commandemens de Vostre Majesté que cella y servira aultant que du tout.

Je remercye très humblement Vostre Majesté de l'honneur qu'il luy plaist me faire, m'asseurant de sa faveur qui est tout le bien et contentement que je sçaurois desirer en ce monde. Aussi ne tiens-je et ne veulx tenir bien, honneur ny grandeur que de la main de Vostre Magesté, laquelle, tant que je vivray je recongnoistray pour luy rendre la fidelle obeissance que je lui doibz et le très humble et fort voluntaire service que je veulx pour jamais luy faire.

Madame, je suplye le Createur vous donner très bonne, très longue et très contante vye.

Vostre très humble et très obeissant suject et serviteur,

DE GRAMONT.

De Pau, le XXIe jour de mars 1563.

1564. — AVRIL.

(Autographe. — Arch. nation., K. 1501, B. 18, n° 63.)

[JEANNE D'ALBRET AU ROY CATHOLIQUE DES ESPAGNES.]

Monseigneur, M'ayant faict cest honneur la Royne de me mander les honnestes propos qu'il vous a plu tenir au sieur de Lansac et

---

(1) Après avoir rempli diverses missions pour le compte de la reine de Navarre, Spifame, prétendant avoir à se plaindre d'elle, quitta bientôt le Béarn ; rentré à Genève, il osa, dans un moment de colère, proclamer que le prince de Navarre n'était pas le fils d'Antoine de Bourbon, mais celui du ministre

l'ambassadeur du Roy pour mon faict, je me fusse moy mesme jugée trop ingratte sy je ne vous en eusses envoyé rendre grasses et très humblement remersier de la faveur qu'en cella il vous a plu me montrer, laquelle il vous plut aussy me prometre lhorsqu'après la mort du feu Roy, mon mary, je vous envoyé ung mien segretaire pour vous suplier, comme famme veuve et desolée, il vous plust m'avoir en recommendasion et mes païs voisins des vostres, laquelle très humble requeste je vous rament-cy; vous supliant aussy très humblement croire que la religion que je tiens est pour ma consience et celle de mes enfants, ne desirant rien moins, comme je say que quelques malins vous ont voulu faire entendre que de me mesler de mes voisins; m'assurant, cellon vostre vertueuse promesse, que ceste mesme occasion ne vous fera changer de propos comme au sieur de Larbouste (1) que exprès j'envoye vers vous j'ay donné ample charge vous le dire de ma part; vous supliant très humblement, Monseigneur, le croire et me tenir en vostre bonne grase pour très humblement recommandée, maintenant que m'eslongnant de mes pays je vais trouver la Royne par son commandement; supliant Dieu, Monseigneur, vous donner en tout heur et prosperité sa saincte grase, de par celle qui desire demeurer,

Vostre très humble et très obeissante cousine,
JEHANNE (2).

Avril 1564.

Merlin (Voyez le *Dictionnaire Historique* de P. Marchand). Outrée de l'ingratitude de son ancien protégé, la reine de Navarre obtint du consistoire de Genève de poursuivre Spifame en calomnie. Condamné à mort, ce rénégat eut la tête tranchée sur l'une des places de Genève, le 23 mars 1566.

(1) Savary d'Aure, baron de Larboust, lieutenant du comte de Gramont.

(2) Cette lettre, qui figure dans le *Musée* des Archives nationales sous le n° 672, resta sans réponse de la part de Philippe II. Au dos, on lit la mention suivante : *No le respondio Su Magestad.* Dans le courant de ce même mois, Jeanne d'Albret quittait en effet le Béarn pour se rendre à la Cour de France. Sur sa prière, Charles IX arrêtait la publication de la bulle qui décrétait de confiscation les états de cette princesse. Après un court séjour à Paris, celle-ci reprenait avec ses enfants le chemin de la Navarre.

LES HUGUENOTS

DANS LE BÉARN ET LA NAVARRE

PREMIÈRE PARTIE

1568. — FÉVRIER.

(Original. — Bibliothèque nationale, collection Baluze, volume 151.)

[LE ROI CHARLES IX A LA REINE DE NAVARRE (1).]

Ma tante, J'ay esté bien mary d'entendre que vous aiez esté contreinte à prendre les armes pour aler contre vos sujets propres, lesquels pour estre miens aussy, je ne veuls le trouver bon. J'envoye La Mothe vers vous pour vous prier de regarder à

---

(1) De 1565 à 1567, le Béarn ne semble pas avoir été inquiété par son puissant voisin, le roi de France. Les progrès de la Réforme, l'entrevue de Bayonne, avaient occupé tous les instants de Charles IX, ou plutôt de sa mère, Catherine de Médicis. Au commencement de l'année 1568, une révolte ayant éclaté en Basse-Navarre, La Mothe Fénelon se rend auprès de Jeanne d'Albret, accrédité par la cour de France. A sa prière, la princesse consent à pardonner au peuple, mais elle excepte de l'amnistie générale les seigneurs qui avaient pris part à ce mouvement. — Vers cette même époque se forme un vaste complot, ourdi, croit-on, par les princes de la maison de Lorraine ; il s'agissait de s'emparer des deux jeunes enfants de la reine de Navarre et peut-être aussi de leur mère. Prévenue à temps, Jeanne quitte le Béarn, se réfugie à Nérac, où tout aussitôt elle fait alliance avec les protestants de France, dont le chef était le prince de Condé, son beau-frère. La Mothe Fénelon est de nouveau envoyé vers elle, mais cette fois sa mission reste sans résultat. Dédaignant de feindre plus longtemps, la princesse adresse de Bergerac à Charles et à sa mère, Catherine de Médicis, ces fières paroles : « Je vous supplie très

remedier avecques la douceur que le mal ne croisse et croire en cela mon conseil et le dict La Mothe de ce qu'il vous dira de ma part tout ainsi que vous feriés.

Vostre bon nepveu,
CHARLES.

1568. — 13 février.
(Copie. — Bibl. nat., f. fr., vol. 22379, f° 56.)

[LE ROI CHARLES IX A M. DE NOAILLES.]

Monsieur de Nouailles (1), J'ay eu grand desplaisir de ce que j'ay entendeu ce qui est adveneu es pays qui sont soubz l'obeissance de la Royne de Navarre, ma tante, laquelle m'a tousjours faict cognoistre vouloir maintenir le repos en iceulx sans aucunement approuver les armes que aucuns de mes subjects ont prinses soubz l'auctorité de la Relligion et qu'elle ayt esté contraincte maintenant de s'armer pour se deffendre. Craignant que les

« humblement, Monseigneur, trouver bon et prendre en bonne part que je
« soi partie de chez moy avec mon fils en intention de servir à mon Dieu
« et à vous qui estes mon Roy souverain, et à mon sang, nous opposans tant
« que nous aurons vie et biens aux entreprises de ceux qui ouvertement et
« d'une effrontée malice y veulent faire violence et croire, Monseigneur, que
« les armes ne sont entre nos mains que pour ces trois choses là, empescher
« qu'on ne nous rase de dessus la terre (comme il a esté comploté), vous servir
« et conserver les princes de vostre sang. Pour mon particulier, Monseigneur,
« ledit cardinal a eu grand tort de vouloir changer vostre puissance et authorité
« en violence, lorsqu'il m'a voulu faire ravir mon fils d'entre mes mains, pour
« le vous mener, comme si vostre simple commandement n'avoit assez de
« pouvoir sur la mère et sur le fils, que je vous supplie très humblement,
« Monseigneur, croire vous estre si très humbles et très obeissans serviteur et
« servante, que égalant nostre fidélité à l'infidelité dud. cardinal et ses com-
« plices, je vous asseureray que lorsqu'il vous plaira faire l'essay de l'un et
« de l'autre, vous trouverez plus de verité en mes effets qu'en ses paroles »…..
(Bordenave, p. 158). De son côté, Charles IX, brusquant les choses, décrète
la saisie des états de la reine de Navarre et ordonne aux sieurs de Luxe et
de Terride de marcher contre les Béarnais et de réduire le pays sous son
obéissance.

(1) Antoine de Noailles, que le feu roi, Antoine de Bourbon, avait appelé
au gouvernement de Bordeaux.

choses ne s'aigrissent de façon qu'il ne soit malaisé d'y remedier et pour y pourveoir, j'ay adviser d'envoyer par delà le sieur de La Mothe, chevalier de mon ordre (1), pour regarder le moyen qu'il y aura de apaiser et estaindre ce feu allumé, et de vostre part je vous prie de vouloir bien prendre garde à la conservation de vostre ville et de ce que vous aurez en charge, donnant ordre qu'il n'advienne pour lesd. troubles aucun dommaige sur mes pauvres subjects ny prejudice à mon service, me tenant adverty de ce qui surviendra, priant Dieu, Monsieur de Nouailles, vous avoir en sa garde.

CHARLES.

De Neufville.

Escript à Paris, le 13e jour de fevrier 1568.

1568. — DERNIER AOUT.

(Orig. — Bibl. nation., collect. Baluze, vol. 151.)

[LE ROI CHARLES IX AU PRINCE DE NAVARRE.]

Mon frere, J'ay esté bien ayse d'entendre de voz nouvelles par le cappitaine Lussan, et dont elles sont si bonnes comme il m'a asseuré, et pour vous faire part des miennes, je vous diray que, Dieu mercy, je commance, ayant perdu ma fiebvre tierce, à me bien porter. Mais pour ne me voulloir encore trop travailler, cella sera cause que je ne vous escripré poinct ceste fois de ma main. Au reste vous aurez bien entendeu la reprinse des armes que ont faictes aucun des chefs de la nouvelle religion, avecques aussi peu de fondement et apparence qu'ils ont accoustumé de faire. Ce que je trouve de tant plus estrange pour les veoir retomber si souvent en une mesme erreur qu'ils essayent touttefois à couvrir de bien froiddes raisons. Or, mon frere, je me veulx asseurer que tout ainsi comme par cy devant vous aurez bien fort blasmé telles choses, aussi en ferés vous maintenant de

---

(1) Bertrand de Salignac, seigneur de La Mothe Fénelon.

mesmes et ne vouldray jamais communiquer ny avoir part avecques ceulx qui ont·tant de fois.procuré la ruyne de ce royaulme
et de la maison dont vous avez cest honneur d'estre des plus
proches, après mes freres; de quoy j'espere les bien en garder
et me faire obeir et me recognoistre de tous mes subjects, mieulx
que je n'ay esté par le passé, me preparant pour cest effect à bon,
escient, ainsi que plus au long vous entendrez du sieur de
La Mothe, present porteur (1), sur lequel me remectant du
surplus de mes nouvelles et dont vous le croirez comme moi
mesme, je prye Dieu, mon frere, qu'il vous ayt en sa sainte garde.

Vostre bon frère,
CHARLES.

De la Rochette, près Paris (2), ce·dernier jour d'aoust 1568.

1568. — 11 OCTOBRE.

(Orig. — Bibl. nat., collect. Baluze, vol. 151.)

[LE ROI CHARLES IX A M. DE CAUMONT.]

Monsr de Caumont (3), J'ay avecq grand plaisir entendu la
façon dont vous avez proceddé, passant la Royne de Navarre,
ma tante, près de vous avecques ses trouppes (4) et mesmes les
bonnes remonstrances que vous luy avez faictes pour la destourner
de aller trouver et se joindre avec ceulx qui se sont eslevez en
armes contre moy, vous advisant que je n'eusse pas et ne pourrois
recevoir plus de contantement ni de preuve de la fidelité et

(1) Envoyé pour la seconde fois auprès de la reine de Navarre, alors à
Nérac; nous avons déjà dit quelques mots de cette mission.
(2) La Rochette, département de Seine-et-Marne, arrondissement et canton
de Melun.
(3) Geoffroy, seigneur et baron de Caumont, Castelnau et Tonneins, frère
aîné de La Force, mort en 1574.
(4) Jeanne d'Albret avait quitté Nérac le 6 septembre, à l'issue de la Cène,
et s'était rendue à Casteljaloux d'où elle se porta à Tonneins pour rallier ses
troupes, passa la Vezère et la Dordogne et arriva à Bergerac avant le 16 septembre. C'est dans l'intervalle de ces dix jours qu'elle passa « près » du seigneur
de Caumont.

affectionnée bonne vollonté que vous portez à mon service et bien de cest estat et couronne, de quoy à jamais j'auray bonne souvenance et memoire pour le recognoistre allendroict de tous les vostres et ceulx qui me seront recommandez de vostre part selon les occasions qui s'i offriront, ce que je vous prye croire que je feray et que je recevray bien favorablement que vous m'en faictes les ouvertures pour vous faire à bon escient sentir l'affection et desir que j'en ay. Or, Mons.r de Caulmont, je veulx croire et m'asseurer que puisque jusques icy vous vous estes sy dextrement et prudemment comporté, ainsin que ung bon, naturel et fidelle subject et serviteur doibt faire, que vous ferés pour continuer, et avecqs plus grande ardeur que vous n'avez encore cy devant faict, ambrassé ce que vous congnoistrez d'apprendre de mon service et bien de cest estat et couronne, dont je vous prye et Dieu, Mons.r de Caulmont, vous avoir en sa saincte et digne garde.

CHARLES.

De Neufville.

Escript de Paris, le xi.e jour d'octobre 1568.

———

1568. — 18 octobre.

(Arch. départ. de la Gironde. — Reg. du Parlement, B. 38.)

LETTRES PATENTES DU ROY

CONTENANT MANDEMENT A SA COUR DE PARLEMENT DE BOURDEAULX DE SAISIR TOUTES LES TERRES, VILLES, PLACES ET CHASTEAULX QUI SONT EN LEUR RESSORT, APPARTENANS A LA ROYNE DE NAVARRE.

Charles, par la grace de Dieu, roy de France, à nos amez et feaulx les gens tenans nostre cour de parlement de Bourdeaulx, salut: Nous avons esté puis naguieres advertis que nostre très chere et très amé tante la royne de Navarre et le prince de Navarre, son fils, nostre très cher et très amé frere, sont depuis peu avecques ceux de nos subgects qui se sont eslevés et assamblez en arme contre nous et nostre auctorité; mais comme les biens qu'ils ont receus de ceste couronne sont en nombre infinis, aussi ne pouvons nous croire qu'ils y soient allés de leur bonne volonté; autrement, avecques juste occasion, il y auroit en leur endroict grand argument d'ingratitude, attendu la manifeste et notoire rebellion desd. eslevez, ains au contraire que par faulces persuasions, voire de force, ils y ayent esté attirés, comme il est aisé à juger, devenuz qu'ils sont prisonniers par iceulx eslevez. Et d'autant qu'ayans tousjours embrassé, comme nous avons faict jusques icy, la protection de leurs personnes et biens ainsi que des nostres propres, il nous seroit mal seant à ceste heure qu'ilz sont reduictz en ceste captivité, si avecques pareille, voire plus grande affection, nous ne nous employons pour conserver en son entier à lad. dame Royne ce qui luy appartient, et pourra cy après eschoir et appartenir aud. prince son fils, pendant mesmement sa minorité et bas age; pour ce est-il que nous, desirans le faire et après avoir reserché tous les mouyens d'y parvenir, n'i en ayant point trouvé de plus expediant à cest effect et pour obvier en ce faisant aux sinistres entreprinses qu'aucuns de mauvaise volunté feroient pour faire et executer sur les païs de lad. dame à son desservice, que nous saisir et emparer, non seullement de ceux qui sont en nostre dition, mais aussi des autres qu'elle tient en souveraineté;

A ces causes, nous vous mandons, ordonnons et très expressement enjoignons, par ces presentes, que toutes les terres, villes, places, chasteaux et seigneuries appartenans à lad. dame Royne, estant en l'estendue de vostre ressort et juridiction vous ayés à saisir, faire saisir et metre en nostre main et à la garde d'iceulx ordonner et establir bons personnaiges qui nous soyent affectionnés subgectz et les puissent soubz nostre nom et auctorité garder et conserver; et quant aux autres de ses d. terres, villes, places, chasteaulx et seigneuries qu'elle tient en souveraineté, ayant donné charge et pouvoir à nostre amé et feal, le seigneur de Lusse (1), chevalier de nostre ordre, d'y entendre et pourveoir,

(1) Charles, comte de Luxe; nos lecteurs trouveront sa biographie quelques pages plus loin.

et à ceste fin s'en emparer et saisir, lever et metre sur pied autant
et tel nombre de gens de guerre qu'il advisera bon estre pour,
s'il y treuve resistance et contredict, passer oultre et y rentrer
de façon qu'il mette les villes et places appartenans à lad. dame
entre nos mains, et donner en icelles le bon ordre en y establis-
sant, là ou il jugera estre besoing et necessaire, capitaines et
gouverneurs ; que le tout se puisse garder et conserver soubz
nostre nom et auctorité jusques à ce que lad. dame Royne soit
hors de la miserable servitude de captivité en laquelle elle est
de present detenu ou que par nous autrement en soit ordonné ;

Nous vous mandons aussi bien expressement que vous ayez
en cella à assister led. sieur de Lusse et ceulx qui seront avecques
luy de vos moyens, en leur prestant et donnant tous aydes,
conseils, supports et main forte dont ils seront près vous à
requerir ; et au surplus exciter et inviter noz bons et affectionnez
subjects à le suyvre, s'assambler, lever et prendre les armes
avecques luy, à ce qu'il ayt tant plus de moyens de faire et
accomplir ces choses susdites, ce que nous avons à nos d. subjects
à cest effect permis et permetons, ne volans que icelluy sieur
de Lusse ne autres qui seront pour l'accompagner et le suyvre
en l'expedition susd. et pour accomplir ce que iceluy ordonnera
pour les choses qui en deppendent en soyent recherchés ny
inquietés, ores ny pour l'advenir, en aucune sorte ne maniere
que ce soit, ny mesmes qu'ils soyent tenus respondre autrement
de leurs actions que du simple commandement qu'ils ont de nous
et pourront avoir de vous en cest endroict, vous ayant et à tous
nos autres justiciers et officiers, par devant lesquels ils en pourront estre interpellez, interdit et interdisans d'en prendre et
retenir la cognoissance, laquelle à nous seulz nous avons reservé
et reservons par ces presentes, par lesquelles nous vous avons,
comme à icelluy sieur de Lusse, de faire et accomplir les d. choses,
donné et donnons plain pouvoir, puissance, auctorité, commission
et mandement special, et mandant et commandant à tous nos
justiciers, officiers et subjects qu'ils vous obeyssent et prestent
conseil, confort, ayde et prisons si mestier est et requis en sont,
car tel est nostre plaisir.

Donné à Paris le xviiie jour d'octobre, l'an de grace mil cinq cens soixante huict et de nostre regne le huictiesme (1).

Ainsi signé, CHARLES,

et plus bas, par le roy estant en son conseil,

De Neufville,

et scellé de cire jaulne du grand scel dud. seigneur sur simple queue.

1568. — 3 DÉCEMBRE.

(Orig. — Arch. départ. de la Gironde. — Minutes du Parl.)

[ARRÊT DU PARLEMENT DE BORDEAUX

ORDONNANT DE NOUVEAU L'ENTIÈRE EXÉCUTION DES LETTRES QUI PRÉCÈDENT.]

Sur la requeste verbalement faicte en la cour par le procureur general du Roy, disant que par arrest d'icelle cour du xe du moys passé, il auroit esté ordonné que tous les biens de la Royne et du prince de Navarre seroient saisis et mis soubz la main du Roy et enjoinct aux seneschaulx du ressort de ceste cour de proceder incontinant ausd. saisies et en advertir lad. cour dans huitaine à peine de privation de leurs estatz, de quoy touteffoys ils n'auroient tenu aulcun compte; à ceste cause requeroit qu'il pleust à lad. cour luy permettre de faire appeller en icelle cour lesd. seneschaulx ou leurs lieutenans pour estre contre eulx procedé ainsi que de raison;

Icelle cour, les chambres assemblées, a ordonné et ordonne que iteratifs commandemens seront faictz aux seneschaulx, leurs lieu-

---

(1) Après avoir énoncé dans son *Journal* les lettres patentes ci-dessus, le chanoine François de Syrueilh ajoute :

« Pour cest effect la dicte court de Bourdeaux depputa le jeudy, second jour « de decembre 1568, lequel jour lesdictes lettres lui furent presentées, monsieur « le president de Belcier et messieurs de Mabrun, de Vaulcy et de Poyanne, « conseillers en la dicte cour, et monsieur le procureur general ». (*Arch. Hist. de la Gironde*, t. XIII).

tenans, chascun en son ressort et jurisdiction, de proceder incontinant à la saisie de toutes les terres, villes, places et seigneuries appartenans à lad. dame Royne et prince de Navarre, et à la garde d'iceulx ordonner et establir bons personnages, personnes affectionnées, subjects dud. seigneur, et qu'ils les puissent soubz sad. main garder et conserver, le tout à peine de privation et suppression de leurs estats et du tout respondre en leurs propres et privés noms du dommage et retardement qui en pourroit advenir ; enjoignans aux substitus dud. procureur general en chascunes seneschaussées d'en faire les poursuites et diligences sur les mesmes peines que dessus ; et de tout ce qu'ils en auront faict en advertir lad. cour dans huitaine et y envoyer le double de leurs procès verbaux.

Signés : BELCIER et DE MALVIN.

1568.

(Orig. — Bibl. nat., collect. Baluze, vol. 151.)

[M. DE CAUMONT LA FORCE A LA REINE DE NAVARRE.]

Madame, Pour suffisante excuse de mon sommaire escript il vous plaira considerer quelle douleur peult aporter la perte inopinée du meilleur frere quy ce peult desirer (1), lequel, muni d'une trop

---

(1) Cette lettre n'est pas datée ; une main étrangère a écrit en manchette la date de 1569-1570 : nous croyons qu'il faut la rapporter à l'année 1568 et qu'elle fut écrite à l'occasion de la mort de François de Caumont, aîné des quatre Caumont, mort en 1568. Remarquez que le seigneur de La Force parle au nom de *ses frères,* c'est-à-dire de Geoffroy, mort en 1574, et de Jean, seigneur de Montpouillan, mort vers 1570. Brantome dit, dans la vie de Monluc, que « ces quatre « frères Caumont favorisoient fort les huguenots et les retiroient en leurs « maisons, d'où sortoient tousjours quelques insolences », et que l'aîné, François, était ennemi particulier de Monluc. Un jour qu'il accusait Monluc à la cour, le duc de Guise lui fit cette cruelle riposte ; « ... chacun sçait, et l'a-t-on veu, que « vostre épée que vous avez là et celles de vos frères n'ont jamais saigné « homme ». A la suite d'un duel avec le seigneur de Hautefort, et dans lequel il fut blessé, il eut avec ce dernier une si grande querelle « qu'enfin Hautefort « tua Caumont dans sa maison, par intelligence et menée du capitaine La Pezie, « très vaillant soldat et déterminé périgourdin ». (Brantome, *Vie des Hommes illustres,* édit. Sambix, t. II, p. 239 et suiv.)

grande ardeur d'aquiter son debvoir, mesprisant tout danger et au
desceu de ses plus proches, a mieulx aymé forcé le temps que
d'estre veu l'attandre trop, dont mes freres et moy aveques
plusieurs aultres sentons regret respondant au dommage, et
d'autant, Madame, que le discours de son trespas et entreprise
seroit trop long et mal couché par letre d'homme sy ennuyé, je l'ay
remis en ce porteur, me promettant que la benignité de Vostre
Majesté et le ressentiment d'avoir perdu ung serviteur très
humble, autant afectionné à la grandeur d'icelle qu'il en soit
demouré, luy donnera moyen d'obtenir audience pour declarer le
tout selon que je l'ay peu sçavoir.

Le surplus, Madame, de ce quy peult toucher l'affection que
mes freres et moy qui restons après luy pouvons avoir au très
humble service que nous devons à Vostre Majesté je l'ay volu au
nom de tous escripre de ma main pour certayne assurance
qu'autant que peulvent gens de byen nous demourons et nos petis
moyens du tout soubmis a vos commandemens.

Suplyans Dieu, Madame, vous conserver soubz sa très forte et
digne mayn en très prospere et longue vye.

> Vostre très humble et très obeissant serviteur,
> CAUMONT.

De La Force (1).

Madame, Estant, puis vos dernieres, venu en quelque doubte de
vostre santé, je despechois vers Vostre Majesté pour en sçavoir
l'estat, quand la nouvelle de mond. frere me survint, le regret de
laquelle ne m'a plus tot permis de revenir à moy pour icelle très
humblement suplier que son bon plaisir commander que j'en sois
adverty.

---

(1) François Nompar de Caumont, seigneur de La Force, en Périgord, père du
duc de La Force, avait épousé Philippe de Beaupoil, dame de La Force, veuve
de ce seigneur de La Chataigneraie si malheureusement tué en duel par Jarnac
en 1547. On sait dans quelles circonstances tragiques François de Caumont fut
massacré à la Saint-Barthélemy (Voir les *Mém. de La Force*, t. I).

1569. — FÉVRIER.

(Orig. — Bibl. nat., collect. Baluze, vol. 151.)

[M. DE GACHISSANS (1) A LA REINE DE NAVARRE.]

Le xiiiie de febvrier arrivay en ce lieu avec ma compagnye, ayant trouvé les affaires en plus mauvaise disposition que je n'eusse jamais peusé et n'estoit l'asseurance que j'ay donné à ceulx qui les manient du prompt remede que debvez envoyer, ils estoient comme en desespoir, m'asseurant que s'il arrive bien tost vous avés gaing de cause, autrement n'en espere que mauvaise yssue. J'en ay trouvé qui vous sont fidelles amis et d'autres ausquels n'y a aucune esperance. Quant au lieu qu'avés en recommandation, ou gist le gaing de vostre cause, il y sera pourveu comme desjià il y a bon commencement (2) et serez servye fidellement.

GASSISSANS.

1569. — 4 AVRIL.

(Orig. — Bibl. nation., collect. Baluze, vol. 151.)

[M. DE SALLES (3) A LA REINE DE NAVARRE.]

Je ne say par quel moyen comanser, Madame, se bilhet, car en iceluy ne soroys escripre chose qui vous peut estre agreable. Les afayres de desà sont en tel estat que de quatre pars les troys vous ont torné le dos, les ungs overtement, les autres cauvertement, desquels à la fin nous esperons moins. Voyant qu'il estoit nescesayre descouvrir se que l'on crainhoit de vostre ville de Oleron, l'on fut d'abis que si l'on voyoit la chose deplorer, se

---

(1) André de Gachissans, frère de M. de Salles, gouverneur de Navarrenx.

(2) Cette phrase fait sans doute allusion à la ville de Navarrenx, vers laquelle se concentraient les forces des deux partis.

(3) Arnaud de Gachissans, seigneur de Salles, maître-d'hôtel du prince de Navarre et gouverneur de Navarrenx. En janvier 1569, il avait été député avec les capitaines Poqueron et Caseban, par le baron d'Arros, pour informer Jeanne d'Albret, alors à La Rochelle, de la révolte générale des Béarnais.

saysir de la personne du sieur Desgarabaque (1). Estant en seste deliberation, l'on entant novelles que les capitene Gulhem et de Armendaris (2) estoint entrés par la vallée d'Aspe, estoient passés par Arete, maison du capitene Bonasse (3), qui leur avoit fait grant ghere; alant et venant, ils ont saccagé beaucoup de maisons de ceux de la Religion. Le sieur de Arros et une bonne trope partismes pour nous en aler à Navarrenx, ou le dit Desgarabaque fut appelé, feignant que Palu (4), vostre valet de chambre, lui portoit quelque bilhet de Vostre Magesté; lequel vint, aveques des prinsipaux mutins de Oleron. L'on luy remonstre la faute qu'il avoit fayte de ce qu'il avoit laisé paser par son parsan (5); qu'il failhoit savoir comme sela estoit alé (6). Et pour se que le sieur d'Arros deliberoit aler à Oleron, il dit que

(1) Jacques de Sainte-Colomme ou Sainte-Colombe, seigneur d'Esgoarrabaque, marié en premières noces à Catherine de Montbrun, puis à Gratianne de Navailles Saint-Saudens. Quoique catholique, le gouvernement de la ville d'Oloron lui avait été confié.

(2) Jean, seigneur d'Armendarits, de l'hôtel d'Eritsarri et de la salle et gentillesse d'Arberats, au pays de Mixe, capitaine châtelain de la ville et merindad de Saint-Jean-Pied-de-Port. Les catholiques l'avaient envoyé vers le roi de France pour demander des secours; Charles IX lui accorda une commission pour lever des troupes.

(3) François de Béarn, seigneur de Bonnasse, un des plus redoutables chefs du parti catholique. Charles IX l'avait nommé gentilhomme de sa chambre par lettres du 10 septembre 1565 (Cab. des Titres. Bibl. nat., vol. 947). Il fut tué le 15 avril 1571, à la prise de Tarbes par Montamat.

(4) Courrier d'Antoine de Bourbon; il est cité dans les Lettres de ce prince, publiées par le marquis de Rochambeau. A la mort d'Antoine, Jeanne d'Albret lui avait donné dans sa maison une charge de valet de chambre.

(5) Dès le commencement du XVIe siècle, la division par parsans avait succédé à la division par bailliages. — Jusqu'au siècle suivant, on comptait en Béarn dix-neuf parsans.

(6) Il est certain qu'Esgoarrabaque était tout acquis à la cause de Charles IX. L'historien Bordenave nous apprend, p. 252, « qu'environ le 11 « de juing 1568 le collier de l'ordre de Sainct Michel fut apporté à Oloron « à Esgoarrabaque, en récompense des grands et notables services qu'on luy « fesoit entendre qu'il avoit fait au roy de France ». Mis en liberté sous la garantie de M. de Gramont, qui lui-même faiblissait dans la fidelité jurée à Jeanne d'Albret, Esgoarrabaque fut chargé par les états, au mois de juillet suivant, de contracter un emprunt en Espagne pour aider à soutenir la guerre contre les protestants. Après la reddition d'Orthez et la prise de Pau par Mongonmery, Esgoarrabaque, craignant pour sa vie, quitta le Béarn et se réfugia en Espagne.

n'estoit beshoin et qu'il y donneroit ordre. Finalement fut arresté que l'on iroit ; luy, s'en volut aler devant ; l'on luy contredit. Il luy eschape quelques motz et à d'autres de sa companhie, qui fut cause que l'on se resolut de le arester et ses gens qui estoint venus aveques luy et incontinant l'on iroit essayer de entrer dans Oleron, que nos trovasmes bien probude. La porte fut refusée, finalement combatu longuement ; il en fut tué dix et huict des nostres et aussi beaucoup autres, dont le filhs du sieur de Las (1) fut l'ung. A la pointe du jour, le capitene Bonase, le sieur de Las, les enfans Desgarabaque (2) bien accompanhés se rendirent dans la ville : toute la nuit le touquesin sona : les vals de Baretous, de Josbat et d'Aspe (3) se assemblerent et se retirerent dedans avec Supersantis (4) et Tasta (5). Incontinent le sieur de Luxe, le capitaine Gulhem, Alfrede et Rubré, avecques sinc ou six cens basques, aribarent là. Led. Esgarabaque prometoit tout jours fayre randre la place, ce que n'a peu, car il luy a esté respondu par ses enfans que ung bel morir toute la vie honore (6).

Le sieur de Gramont nous est venu trober pour moyenner ausi la redition de la plase, se que n'a peu obtenir. L'on a du ains de laisser aler ceux qui estoint en la companhie Desgarabaque

---

(1) Bordenave, p. 196, en mentionnant la mort du capitaine Las, ne distingue pas entre le père et le fils. M. Raymond le nomme Per Arnaud de Forpelat, seigneur de Laas.

(2) Jacques de Sainte-Colomme, seigneur d'Esgoarrabaque après son père et Tristan de Sainte-Colomme, abbé de Sauvelade, tous deux issus du premier mariage de leur père avec Catherine de Montbrun. Gratianne de Navailles Saint-Saudens, belle-mère de ces jeunes gens, se conduisit en héroïne à la défense d'Oloron. L'auteur déjà cité de l'*Histoire de Béarn* raconte que d'Arros, se présentant devant cette ville, « trouva la femme d'Esgarrebaque sur la « muraille, qui lui refusa l'entrée avec beaucoup d'injures, accompagnées « d'arquebuzades ».

(3) Les vallées de Baretous, Josbaigt et Aspe, situées dans les arrondissements d'Oloron Sainte-Marie et d'Orthez, commencent à la frontière d'Espagne et s'étendent non loin de cette dernière ville.

(4) Jean de Supersantis, avocat, l'un des chefs du parti catholique. Il fut quelque temps après envoyé en Espagne pour y chercher du secours.

(5) Alamanet de Tasta, autre avocat ; il avait été l'auteur d'un premier soulèvement dans Oloron et pour ce fait avait été arrêté.

(6) Cette admirable parole était une réponse à la menace qu'avait faite Arros de massacrer le vieil Esgarrebaque, son prisonnier, si ses enfants ne rendaient pas la place.

avecques promesse qu'ils feroint beaucoup pour vostre service ; et luy, a esté bailhé au sieur de Gramont, qui verra s'il en peut tirer quelque chose. Tout en ung mesme.temps, les anemis, qui avoient circuy vostre païs, sont entrés, les ungs par Montaner et Pontac, qui jusques à present ont resisté ; les autres, comme le sieur de Peyre (1) et Goas (2), par Lembeye et Conchés, qu'ils ont saquagé. L'on pourvoit en se que l'on peut à vostre ville de Navarrenx. L'on se craint fort que les bons ne soint forsés par les meschans. L'on fait toute diligense de metre estrangés dedans et persone de la religion pour nous en asurer. L'on a si grant faute d'argent que l'on a eu à toucher à vostre baiselle. Je vous asure que si vous n'y proboyés de à nous secourir par quelques moyens, que vostre pays est pardu et en doubte de vostre ville, laquelle sera defandue par les bons au peril de leur vye. L'on a tele faute de gens, que à grant peyne arrivet-on à la moytié de se que faut pour vostre ville. Nous somes en mesme doubte de celuy que vous soupesonés (3). Toutes foys par nesessité nous somes constrains fayre se que faysons. L'on a despeché Monsr· Desperien expressement pour plus particulierement vous fayre le resit de nostre nesesité, lequel vous supplions nous renvoyer pour estre assurés par luy de se que povés fayre pour nous et se que aviserés de nous, qui despanderons nous vies pour vostre servisse.

SALES.

De Navarrenx, le 4 de abril 1569.

(1) Henry de Navailles, seigneur de Peyre, Arbus, Lagos et d'autres places, dont il est question quelques pages plus loin.

(2) Jean de Biran, seigneur de Gohas, tué à la Rochelle en 1573. — Voir l'excellente notice que M. l'abbé J. de Carsalade du Pont a consacré à ce capitaine dans les *Mémoires de Jean d'Antras*, Sauveterre de Guyenne, 1880, in-8°.

(3) M. de Salles fait allusion sans doute à M. de Gramont qui, après avoir été tout dévoué à la cause de Jeanne d'Albret, penchait maintenant du côté de la cour de France.

1569. — 5 AVRIL.

(Orig. — Bibl. nat., collect. Baluze, vol. 151.)

[LE BARON D'ARROS A LA REINE DE NAVARRE.]

Madame, Si vous m'avés escript de piteuses nouvelles, je ne puis vous en mander que de plus faicheuses, c'est que vostre ville d'Oloron est entre mains de Mons\ :sup de Luxe et des enfans de Mons\ :sup Desguarrabaque. Vostre pays est environné d'ennemys et assailly du costé de Sauveterre, du costé de Belloc, d'Ortès, de Morlane, de Lembeye, d'Arsac, de Montaner, de Pontac et de Nay. Combien que vostre ville de Nay tient fort bon par le moien de vostre nouveau consul (1), qui s'est montré toujours fidele subject de vostre Magesté, je vouldrois que tous vos subjects ne fussent moins affectionnés à vostre service que luy (2); mais tant s'en faûlt, car toutes les vallées se sont declairées et ont prins les armes contre Vostre Magesté. La plus part de la noblesse a faict le semblable et ceulx qui ne les ont prinses je les trouve fort froictz et croy n'en feront de moings que les autres. Tous vos soldats s'en vont et ne se veulent enfermer dedans ceste ville de Navarrenx. Brief tout vostre pays est presque tout revolté (3) et s'en ba perdu si Vostre Majesté n'y pourveoit promptement, car d'esperer secours d'ailleurs je n'y voy le moien, veu que ceulx de qui je me fioys se sont

(1) Bertrand d'Espalungue, seigneur de Cazaux, domenger de Louvie-Juzon, successivement maréchal des logis de la reine et gouverneur de la petite ville de Nay. Plus tard il fut capitaine de la vallée d'Ossau, gouverneur de la ville de Tarbes et maître d'hôtel ordinaire de la princesse Catherine de Navarre. Bertrand d'Espalungue mourut vers 1580.

(2) Attaqué peu de jours après par de Luxe, Bonnasse, Gerderest et plusieurs autres capitaines catholiques, Bertrand d'Espalungue, qu'une partie de sa compagnie avait abandonné, fut forcé de capituler. Il rejoignit d'Arros à Navarrenx et prit part à la défense cette ville.

(3) Le 29 septembre 1568, Jeanne, se trouvant à Donnezan, rendit une ordonnance « par laquelle elle enjoignait aux gens de la chancellerie et conseil « de faire les procès criminels des rebelles, officiers, gentils hommes, consuls, « communautés et autres qui avaient porté les armes contre elle, et atendu « qu'il se pourroit trouver défaut de nombre pour l'instruction et jugement des « procès des révoltés de son royaume, cette princesse commet, outre ceux qui « se trouvoient en lad. chancellerie, les présidents d'Etchar, conseillers de « Fenario, Tisnées et Laureti, pour faire instruire et juger définitivement lesd. « procès, voulant que les deniers qui proviendroient de la vente des biens

revoltés et desclarés et leur faict n'a esté que dissimulation, le pourrez vous fere entendre. Monsr de Bassilhon est dedans Navarrenx en fort bonne volonté de la deffendre, et a esté advisé par le conseil de Monsieur de Gramont et autres que je sortirois en campaigne avec ce peu de gens à cheval et arguolets que je pourray assembler, ce que je fais ce jourd'huy. Mais Dieu veuille que ce soit pour le mieulx et quant à moy ce m'est autant de de mourir en la campaigne pour le service de Vostre Majesté que ailleurs; mais il y a ung maux que je ne puis vous faire entendre. Monsieur de Sales demeure en vostre ville de Navarrenx fort affectionné à vostre service, pour lequel il n'est moings hay de vos ennemis que moy. La conjuration est faicte de metre tout ceulx de la religion, jusques aux petits enfans, au couteau. Touteffoys j'espere que celuy qui a toute puissance brisera leur mauvais desseing par le moïen du secours que Vostre Majesté nous envoyera. Mais si ne sommes secourus bientost vostre ville et tout vostre pays est perdu, par les raisons que Vostre Majesté entendra par ce d. pourteur.

Vostre très humble et très oubeyssant subject et serviteur,

B. DARROS (1).

De Pau, ce 5 avril 1569.

1569. — 5 AVRIL.

(Orig. — Bibl. nat., collect. Baluze, vol. 151.)

[M. DE BASSILLON (2) A LA REINE DE NAVARRE.]

Madame, Je n'ay voulu faillir faire une partye de mon devoyr et vous escripre la presente pour vous faire entendre comme j'ay

« confisqués et saisis fussent remis entre les mains de Me Auger de La Roze, « son receveur general. » Cette ordonnance fut enregistrée à Pau, le 1er février 1569 (Biblioth. nat. — Cabinet des titres.)

(1) La IIe partie de ce travail étant entièrement consacrée au baron d'Arros, nous attendrons ce moment pour donner quelques notes sur ce fidèle serviteur de Jeanne d'Albret et réfuter certaines erreurs accréditées par bon nombre d'historiens.

(2) Bertrand, seigneur de Bassillon et de l'abbaye laïque de Gabaston, venait d'être nommé gouverneur de Navarrenx, dont il se montra un des plus

esté appelé en vostre ville de Navarrenx à la necessité qu'est crasse, n'est si bien qu'il eust esté. Toutez foys, Madame, je vous supplie croyre que je ne faiz faulte de faire mon devoyr pour vostre service. J'ay prié Monsr Hesperien (1) vous faire quelque discours, vous suppliant, Madame, executer ce qu'il vous dira. En ce faisant aurés contentement, qui sera la cause que je prieray le Seigneur,

Madame, vous donner en santé très heurusse et longue vie et contentement de voz desyrs,

Vostre très humble et obeyssant subject et serviteur,

BASILLON.

De Navarrenx, en vostre maison, ce cinquiesme d'avril 1569.

1569. — 2 JUILLET.

(Orig. — Bibl. nat., collect. Baluze, vol. 151.)

[MM. D'ARROS, DE BASSILLON ET DE SALLES A MONSIEUR (2)...]

J'avons receu vostre billet du xxviiie juing qui a esté le fort bien venu pour le desir qu'avions d'entendre de voz nouvelles, et nous estant mis en nostre debvoir par plusieurs fois pour vous faire entendre des nostres, les messagiers n'ont peu arriver à bon port, car de trois l'un a esté pendu et les aultres deux se sont allés rendre à l'ennemy. Et combien que led. ennemy ayt veu ce que vous escrivions, ne peult avoir veu chose qui luy plaise, mais plus tost sa grande honte. Il bat noz logis de son

---

actifs défenseurs. Quelques jours après la levée du siège, il fut, on ne sait trop sur quel fondement, accusé d'intelligence avec l'ennemi et massacré dans les rues de la ville. M. de Salles lui fut donné pour successeur.

(1) Pierre Hesperien, ministre de la parole de Dieu à Sauveterre ; il jouissait d'un grand crédit auprès de la reine de Navarre et servait d'intermédiaire entre cette princesse et les réformés de Béarn.

(2) Cette lettre, qui n'est pas signée, porte la cote suivante : *Double de la lettre de MM. Darros, Bassilon et de Sales à M.....* sans doute M. de Coligny.

artillerie de Monbalour (1) et de Bererenx (2) en hors, cuydant
par là nous estonner et faire plus grand dommage qu'il ne faict
et nous contraindre de nous rendre. Mais il se trompe du tout,
car je n'y avons encore pencé, ne moins volonté d'y penser (3).
Il nous a laché, jusques à ce jourd'huy depuis qu'il commence
à nous batre mil et quarante coups de canon ou grande coulou-
vrine, cuidant, comme je croy, que je fussionz mal pourveuz de
bouletz nous en a voulu pourveoir (4). Je sommes grandement
tenuz et oblygés de rendre graces à nostre bon Dieu qui nous
a si bien assistés que despuis le commencement de nostre guerre
quelque fouldroiement de maisons qu'il nous aie faict, ne quelques
saillies et escarmouches qu'ayons faict sur eulx, je n'avons perdu
que vingt de noz soldatz, bien est vray qu'entre ceulx là le
cappitaine Figuieres (5) et M. de Monblanc (6) sont du nombre,
qu'est une perte fort grande pour le service de la Royne et protection de ceste place. Tout le reste de nostre petit troppeau est,
Dieu mercy, en fort bonne santé et meilleure affection de nous
bien deffendre, vous merciant très humblement de la bonne
volunté et grand soing que pouvons cognoistre avez en nostre
endroict, vous priant bien affectueusement vouloir continuer icelle
et emploier que l'homme que savez (7) mette en effect ce que
vous nous avés mandé de bouche et le plus tost sera le meilleur

(1) Monbalou, colline située aux environs de Navarrenx et dont la situation
élevée permettait aux assiégeants de tirer à coup sûr.

(2) Bérerenx est un village aujourd'hui réuni à Navarrenx.

(3) Fortifié par Henri d'Albret, alors que ce prince préparait une expédition
contre l'Espagne, Navarrenx passait pour être imprenable. Terride assiégeait
cette place depuis le 27 avril.

(4) D'après l'historien Olhagaray, les assiégeants tirèrent, durant tout le
siège de Navarrenx, 1,777 coups de canon « non en batterie, mais à coups
« perdus; il y mourut de coups 34 hommes et 6 de maladie; de ceux de dehors
« plus de huict cens ».

(5) Arnaud Guillem de Higuères, capitaine protestant (Arch. des Basses-
Pyrénées, E. 1629).

(6) Jean de Lavedan, seigneur de Monblanc, St Pastous, Sterce et autres
lieux, marié à Bertrane d'Antin, dame d'Abos, Tarsac et Bezingrand (Arch.
des Basses-Pyrénées, E. 1336). Il servait en qualité de volontaire dans les
troupes des Réformés.

(7) M. de Mongonmery. — D'après l'*Histoire du Languedoc*, t. V, p. 294,
le nouveau lieutenant de Jeanne d'Albret était arrivé à Castres le 21 juin 1569,

et plus sain et pour cause que vous laissons d'escrire, nous assurans aussi qu'il en viendra au but à son grand honneur, ce que luy desirons plus totz que l'estranger en soit honnoré et luy mette le pied devant, joinct aussi que par ce moien il fermera la bouche à ces ennemis et mechans causeurs.

Les trois joinctz ensemble saluent voz bonnes graces de leurs très humbles recommandations.

Du 2 juillet 1569.

Il vous plaira aussi despecher le messagier que m'escripvez pour s'en retourner au lieu que savez et escripre au long de nos nouvelles et de la necessité et dangier en quoy nous sommes et vous envoyons ung billet pour le faire tenir au frere de son pere (1). S'il vous semble que ce porteur doive faire le message, je vous prions luy donner le moien pour le conduire ou bien le faire attendre la responce que celluy que y envoierez portera.

1569. — JUILLET.

(Orig. — Bibl. nat., collect. Baluze, vol. 151.)

[M. DE PEYRULS (2) A LA REINE DE NAVARRE.]

Madame, Arrivé que je fus à Vidaschen (3), Monsʳ de Gramont me donna Arbouet (4) pour me conduire au lieu de mon envoy, et

---

à la tête de deux cents chevaux. D'Aubigné dit : « Non de deux cents chevaux, « comme on a escrit, mais avec onze maistres seulement ». (*Hist.*, livre Vᵉ, chap. xiv.)

(1) Le prince de Condé, oncle du jeune Henri de Navarre. Il paraît vraisemblable que, pour éviter de porter le découragement dans le parti réformé de Béarn, on eût laissé ignorer à d'Arros et à ses lieutenants la mort du prince, chef des Huguenots de France, tué à la bataille de Jarnac le 13 mars précédent.

(2) Arnaud de Navailles, seigneur de Peyruls, d'abord enseigne de la compagnie de M. de Salles, gouverneur de Navarrenx, et depuis capitaine et gouverneur de la ville et parsan d'Oloron.

(3) Bidache, principauté appartenant à M. de Gramont.

(4) Capitaine protestant, gouverneur du château de Sauveterre. Le sieur de Domezain étant venu mettre le siège devant cette place, d'Arbouet, faute de troupes suffisantes, avait été obligé de la rendre dès la première sommation.

ayant asayé de toutz moyens, par l'espace de huict jours, avec le dict d'Arbouet, ne m'a esté poussible de venir et fue constrainct prendre aultre moyen. Madame, estant venu à Raujuzon (1), fue arresté par ung nommé Chanton et miraculeusement delivré, qui fut cause de prendre autre chemin, et despuis reprins, reconu, pilhé, batu et finalement delivré par la grace de Dieu : le capitaine Pierre de Guissen y fit bien son devoir, Madame, il a trobez moyen de me deffaire des letres de Voz Majestez entre les mains du guyde, lequel guyde les bailla à Madame de Gramont (2), laquelle dame de Gramont les a envoyées au lieu de leur enveoy, chouze assurée, Madame. Au demourant, Madame, je n'eusse faict faucte pour craincte de ma vie, laquelle ne m'est rien pour le service de Dieu et de Vostre Majesté, Madame, de retourner, n'eust esté que de vos afectionez serviteurs m'ont prié et comme monstré qu'il estoit plus necessaire pour le service de Vouz Magestez de demorer que de m'en aler, auquel service j'aspirey toute ma vie, Madame, supliant Dieu, Madame, vous doinct toute victoire, saluant très humblement Voz haultes Magestez de mes très humbles recomandations.

Vostre très humble et très afectioné serviteur,
DE PERUILZ.

Juillet, 1569.

---

(1) Araujuzon, commune du canton de Navarrenx.

(2) Sans doute Corisande d'Andoins, femme du jeune comte Philibert de Gramont. — D'après Monluc, la comtesse douairière, Hélène de Clermont, dame de Traves, Toulongeon et Saint-Chéron, favorisait le parti de Charles IX. Dans une lettre datée du 31 octobre 1568, Monluc engageait le roi de France à adresser ses remerciements à Madame de Gramont, « car je pense, ajoutait-il, « qu'il n'y a eu jamais femme qui ait plus persuadé son mari de ne prendre les « armes contre vostre service » (*Comment.*, t. V, p. 133). Corisande, au contraire, était toute dévouée aux intérêts de Jeanne d'Albret.

1569. — 4 JUILLET.

(Orig. — Bibl. nat., collect. Baluze, vol. 151.)

[A LA REINE DE NAVARRE (1).]

Madame, La dificulté d'entrer dans N. (2) est cause que n'avons plus tost renvoyé l'home. Assoer (3), arriva en ce lieu ung soldat venant de là, qui nous a porté certaines noveles que vostre billet y estoit entré par un moyen qu'avions assayé, lequel Dieu a benit. L'home vous fera le conte. Nous vous anvoyons les dobles des billets que les assiegés envoyent à mon hotesse (4), et à Monsieur de Lobie (5), par lesquels entendrés en quel estat ils sont et le grand besoin qu'ils ont d'estre secorus. Vous sçavés combien cela vous importe; avisés donc de ne plus temporiser, si ne voulez que tous voz afaires aillent très mal et l'estat de vostre povre païs estre du tout renversé. Je vous envoye un double de commission de Monsr de Tarride par lequel verrés comment vostre païs est miserablement deschiré et mangé (6). Si vous avés receu un message que mon hostesse vous envoya il y a trois sepmaines passées, vous receustes aussi avertissement d'employer mon hoste (7) par une honeste letre. Si cela eut esté fait les povres

(1) Cette pièce n'est pas signée.
(2) Navarrenx, toujours assiégé par Terride.
(3) Ce soir.
(4) Madame de Gramont.
(5) Jacques d'Arros, seigneur de Louvie, que Mongonmery nomma gouverneur d'Oloron à la place d'Esgoarrabaque. Au siège de Tarbes, en 1571, il était colonel de l'infanterie béarnaise. Neveu du lieutenant-général d'Arros, Jacques avait hérité des biens de la maison de Louvie; en 1547, Jean de Béarn, seigneur de Louvie, son oncle maternel, l'avait choisi pour son légataire universel, à la condition qu'il porterait le nom et les armes de Louvie (Arch. des B.-P., E. 1992).
(6) Pendant le siège de Navarrenx, Terride, sur l'ordre du roi de France, convoqua les états de Béarn. Les membres du conseil souverain, appartenant à la religion réformée, furent remplacés par des catholiques. Usant de représailles, la nouvelle cour décréta la confiscation et la mise en vente des biens des conseillers dépossédés, et décida qu'un emprunt de trois mille ducats serait fait en Espagne, sous l'hypothèque du pays (Poeydavant, t. I, p. 341).
(7) M. de Gramont, qui, depuis la mort du prince de Condé, se tenait à l'écart de ce grand mouvement, tout en favorisant encore le parti de la Réforme. Pendant que le Béarn était sous la domination de Terride, les protestants se

assiegés seroint asture (1) en repos, car il a protesté qu'il s'y
employeroit moyennant qu'il sceut s'il vous seroit agreable. Il y a
encore temps, je vous prie y aviser ; la trop longue demeure ne
peult vous aporter que domage. Aïant entendu que les forces de
l'enemi ne sont pas fort grandes, nous avons mis en teste à
l'home que sçavés de assembler tout ce qu'il pourra ; il est doné
après, dont esperons qu'il reussira quelque grant bien pour vostre
service. J'ay dit à Chipitona (2) ce que mandés ; mais il a esté
desvalisé, de sorte qu'il ne luy est possible. Le petit laquay est
encore icy. Je le voloys envoyer ce matin, mais l'home qui est
venu de Navarrins m'a dict qu'il n'estoit possible d'y entrer : il
vault donc mieux differer que le metre en danger fort evident. —
Le petit roy de Bearn (3) est bien estonné, mais si Dieu voloit
qu'il entendit au vray vostre venue, laquelle quoiqu'il en soit
est necessaire, je m'asseure qu'il ne sauroit que devenir. Il est
si maigre et deffaict que vous diriés à le voer qu'il est plus mort
que vif ; cependant sentant sa ruine prochaine, comme desesperé,
il escume et vomit toute sa rage contre voz meilleurs subjectz.

Du 4 de Juillet.

————

1569. — 24 JUILLET.

(Orig. — Bibl. nat., collect. Baluze, vol. 151.)

[L'AMIRAL DE COLIGNY (4) A LA REINE
DE NAVARRE.]

Madame, Oultre ce que vous aurez entendu des affaires de deçà
par Monsr de Forez, vous en pourrez estre encores par M. du

rendaient au prêche à Bidache et y portaient les enfants pour les y faire
baptiser.

(1) …. à cette heure.

(2) Courrier de Jeanne d'Albret. — On retrouve son nom dans les *Lettres
d'Antoine de Bourbon*, publiées par M. de Rochambeau.

(3) Ne serait-il pas question de Terride, à qui on aurait infligé ce surnom
à cause de son gouvernement despotique ?

(4) Gaspard de Coligny, seigneur de Chatillon sur Loing, comte de Coligny,
chevalier de l'ordre du roi, gouverneur et lieutenant général de la ville de Paris,
colonel général de l'infanterie française et amiral de France. Il était âgé

Vigean, s'en retournant devers Vostre Majesté, si amplement et particulierement informé ensemble de toutes autres nouvelles et de l'estat en quoy il a laissé toutes choses, que pour ne faire tort à sa suffisance je ne m'estendray à vous en faire par cestuy plus long discours, mais pour la fin après avoir presenté mes très humbles recommandations à vostre bonne grace, suppliant Dieu vous donner,

Madame, en très parfaicte santé très heureuse et très longue vie.

De Lusignan, ce xxiiiie jour de juillet 1569.

(De la main de l'amiral:) Madame, Pour ce que M. de Vigean vous fera entendre bien particulierement toutes choses, je vous suppliré m'excuser si je ne vous escriptz de ma main et si je ne vous en mande davantage. Je desirerois avoir plus de moïen de satisfaire et contanter ung chascun et avoir la teste mieulx faicte que je n'ay. Une chose puys-je dire, que j'ay bonne voulunté et que je m'emploiré aultant qu'il sera en ma puissance. Dieu m'a tant faict de graces jusques icy que j'espere qu'il m'en fera encores une et de surmonter beaucoup de difficultés et beaucoup de tentations. Je le loue d'une chose avecques infinies aultres, c'est que nous avons certains advertissements que le siege de Charité est levé. Si nous avons foy nous serons bien heureulx, car il parachevera son œuvre. Il ne se fera rien qu'il ne veille. Il ne veust rien quy ne soit bon, qui ne tourne à sa gloire et au salut des siens.

Vostre très humble et très obeissant serviteur,
CHASTILLON.

---

de 56 ans lorsqu'il périt assassiné dans la fatale nuit du 24 août 1572. Dès le 17 mars 1569, le parlement de Paris avait rendu un arrêt qui le déclarait déchu de toutes ses dignités comme coupable de lèse-majesté.

L'amiral avait deux frères qui, tous deux, acquirent une grande renommée : Odet, cardinal de Chatillon, dont il sera question dans une autre lettre de l'amiral, et François de Coligny, seigneur d'Andelot, colonel de l'infanterie française, mort en mai 1569.

Instructions (1).

Il ne se fault jamais despartir du faict de la religion, ains le vuider avant que de parler d'aultres choses. L'on envoie de nouveau en Angleterre et en Allemaigne pour publier que la paix est faicte, cuydant pour cela refroidir la Royne d'Angleterre du secours qu'elle pourroit donner aux princes et retarder aussy le secours d'Allemaigne, et ce pendant on faict tout ce qu'il est possible pour avoir deniers et avoir encore des estrangers, tant Suysses que reistres, à ce renouveau de faire une grande armée. Monsieur de Villeroy (2), qui est party pour aller devers l'empereur, a charge de parler au duc Auguste (3). Il doibt trouver l'empereur en Boesme, assez prez de Saxe, où ledit Auguste se tient et pensons que ledict empereur le fera venir parler à luy, auquel Auguste ne sera rien espargné pour le corrompre, et sy de cela ne se peult rien faire l'on taschera de paciffier les troubles de France, ou du moings on en fera le semblant, jusques à nommer les arbitres ; et pour y parvenir vouldront tascher à une suspension d'armes, le tout pour rendre l'armée des princes, que nous sçavons belle, inutile et avoir loisir de reffaire la nostre ; car quelque semblant que l'on face de faire la paix ou de la desirer, on n'en eut jamais moings de volunté, et sy lad. suspension ne se peult obtenir, l'empereur [s']offrira pour empescher qu'aucuns reistres ne viennent se faire chef d'une armée pour reprendre Metz et les autres villes, et trainera jusques en juillet et en aoust pour ce pendant lasser lesd. princes ; et ne fault doubter que l'on ne face tout debvoir de prendre la Charité et bien tost et pendant que les d. menées se feront,

(1) Le document portant pour titre *Instructions*, suit immédiatement, dans le volume de Baluze, la missive de Coligny. Quoique d'une date antérieure à la lettre de l'amiral, celui-ci pouvait, l'ayant reçu de quelque espion, l'adresser à son tour à la reine de Navarre.

(2) Nicolas de Neufville, seigneur de Villeroy, tour à tour secrétaire d'État sous Charles IX, Henri III, Henri IV et Louis XIII.

(3) Auguste, dit le *Pieux*, duc de Saxe. Il avait succédé en 1553 à son frère Maurice ; il fut toute sa vie l'un des plus grands appuis du parti protestant.

pourveu que l'empereur empesche que les d. princes ne puissent plus avoir de reistres. Villeroy a charge de luy dire que le Roy prendra sa fille sans argent (1). L'on arme sept vaisseaux à Bourdeaulx, aultant au Havre de Grace et cinq à Dieppe. Le duc d'Albe, pour certain, arme le plus qu'il peult. La Royne d'Angleterre a surprins un pacquet ou elle a descouvert la descente que lesd. navires doibvent faire en son pays, laquelle se fera sans doubte sy ne viennent en France des Allemans davantage pour les dicts princes; et sans les nouvelles que nous avons eues de la deffaicte du duc de Notombelland, les dix compaignies d'Estcosse, qui s'en alloient à Laval, se debvoient embarquer en Bretaigne et debvoient prendre trois mille corselets et six mille harquebuzes qui sont ez mains du s^r de Martigues de longue main pour apporter en Escosse. L'on s'assure de quelque remuement aud. païs par le moïen de lad. descente et du comte d'Arguil qui a retiré Notombelland.

1569. — 27 JUILLET.

(Orig. — Bibl. nat., collect. Baluze, vol. 151.)

[M. DE MONGONMERY (2) A LA REINE DE NAVARRE.]

Madame, J'ay receu deux lectres que m'avez escriptes, l'une du xxviiie du moys passé et l'autre du premier du present, que j'ay receuz seulement le xxiiiie d'icelluy. Je vous puis asseurer que je n'auray esgard à commoditez ou incommoditez quelconques pour vous faire cognoistre par effect la bonne envye que j'ay

---

(1) Elisabeth d'Autriche épousa, l'année suivante, Charles IX.

(2) Gabriel de Lorges, comte de Mongonmery, est trop connu pour qu'il soit besoin de le présenter à nos lecteurs autrement que par le simple rappel de ses noms et prénoms. En voyant la situation désespérée du Béarn, Jeanne d'Albret songea aussitôt à lui confier la défense de ses états. Cette courte campagne, où il se signala par autant d'activité que d'audace, lui valut la réputation d'un des plus grands capitaines de son temps. Après la conquête du Béarn, il rentra en Gascogne où il continua à combattre avec succès pour la cause des réformés.

.de mettre voz commandemens à execution, où je n'espargneray tous. moyens ny ma propre personne. Et esperant de bien tost vous en rendre bonne yssue avec l'aide de Dieu, ne vous en feray plus longue lectre, sinon le suplier vous donner,

Madame, en très parfaite santé, très heureuse et très longue vie.

Vostre très humble et très obeissant fidelle serviteur à jamays,
G. DE MONGONMERY.

A Castres, xxviiᵉ de juillet 1569 (1).

1569. — 27 JUILLET.

(Orig. — Bibl. nat., collect. Baluze, vol. 151.)

[M. DE MONTAMAT (2) A LA REINE DE NAVARRE.]

Madame, J'ay receu voz letres. Je ne fauldray, suyvant icelles, executer voz commandemens, comme celuy qui n'espargnera

---

(1) C'est le 27 juillet à midi que Mongonmery quitta Castres et prit sa route vers le Béarn. On remarquera le laconisme de cette lettre. Mongonmery faisait ses armemens dans un si grand secret qu'il hésitait à en confier le but au papier. Au dire de Jacques Gaches, les gentilshommes qui l'entouraient ignoraient même pour quelle expédition on rassemblait tant de forces ; pressé un jour par eux, il leur répondit : « Je vous prie ne vous mettez pas en peine « de savoir pourquoi je suis venu ; car si je savois que ma chemise sût ce que « j'ai dans le cœur, je la bruslerois » (*Mém. de J. Gaches*, publ. par Ch. Pradel, p. 92). Ce grand secret ne contribua pas peu au succès de Mongonmery. On sait la surprise de Damville et de Monluc lorsqu'ils apprirent son arrivée. Sur les armemens de Mongonmery à Castres, voir les *Mém. de Gaches*, p. 91 et suiv.

(2) Bernard d'Astarac, baron de Montamat, fils de Jean-Jacques d'Astarac, seigneur de Fontrailles et de Marestang, colonel général des Albanais du roi Louis XII et l'un des meilleurs capitaines de son temps. Bernard avait pour frère aîné Michel d'Astarac, baron de Marestang et de Fontrailles, vicomte de Cogotois, colonel de la cavalerie de Jeanne d'Albret, qui fut aussi un zélé défenseur de la cause protestante. Le baron de Montamat, dont Brantome vante la bravoure, accompagna la reine de Navarre, en 1568, dans son voyage à La Rochelle. De là, il rejoignit Mongonmery qui, le Béarn conquis, le nomma lieutenant général pour agir de concert avec le baron d'Arros ; ce fut lui qui soumit toute la Bigorre (Voir les *Huguenots en Bigorre*, passim). La paix signée, Montamat se rendit à Paris et y fut tué à la Saint-Barthélemy.

jamais vie et biens pour vostre service. Il est vray que le voiage est dificile, tant pour raison du passage de la Garonne que aussi les forces ne sont si grandes par deçà, comme l'on cuidoit. Touteffois tout se hazardera pour remetre vostre pais de Bearn en vostre obeissance ; mais il seroit necessaire, Madame, que l'armée de Messeigneurs les Princes s'aprochast ung peu du cousté de la dite riviere de Garonne, affin de tenir l'ennemy encerné et qu'il ne donnast secours à ceulx du dict Bearn. Nous nous y acheminons ce jord'huy. Dieu veulle prosperer nostre voiage, et à vous, Madame, vous tenir en sa saincte garde.

Vostre très humble et très obeissant subject et serviteur,
MONTAMAT.

De Castres d'Albigeois, ce 27ᶜ de juillet 1569.

1569. — 9 AOUT.

(Orig. — Bibl. nat., collect. Baluze, vol. 151.)

[M. DE MONGONMERY A LA REINE DE NAVARRE.]

Madame, Suyvant ce qu'il vous a pleu me commander, je me suis dilligemment achemyné en ce lieu, d'où vos ennemys se sont retirez ung jour devant que j'y sois arrivé (1), ayant prins le chemyn d'Ortais où une partie de leur artillerye est, et l'autre à Oleron ; et encore que l'armée feust merveilleusement lasse pour la longueur du chemyn qu'elle a faict (2), si est que dès ce jourd'huy je l'ay faict marcher pour les aller trouver et faire mon debvoir en ce qui me sera possible. Madame, j'ay par cy

---

(1) Le 27 juin précédent, Monluc écrivait de Villeneuve-d'Agen au duc d'Anjou que Terride avait été forcé de lever le siège par suite de la dispersion de son armée (Comment., t. V, p. 171). Le grand capitaine était mal renseigné, et la lettre de Mongonmery, ainsi que les pièces suivantes, prouvent que Navarrenx ne fut débloqué que la veille de l'arrivée de l'armée protestante.

· (2) Mongonmery, on l'a vu, était parti de Castres le 27 juillet. Il n'avait donc mis que douze jours pour traverser cinquante lieues de pays ennemi, gardé par les troupes de Monluc, Damville, Bellegarde et Sarlabous. Encore avait-il eu à combattre Négrepelisse.

devant remonstré à Messeigneurs les Princes et Monsieur l'Amyral que s'il leur plaisoit m'envoier douze ou quinze centz bons chevaulx, ils vous apporteroient, avec ce que j'ay, un grand contentement et à la cause, et mettroit-on le tout en repos et seureté. Je vous supplye très humblement d'y avoir esgard et les envoier le plus promptement qu'il sera possible, considerant le lieu ou je suis et les forces desd. ennemys qui s'assemblent de toutes partz. Le sieur de Pironac, present porteur, vous fera entendre plus amplement de toutes choses, qui me gardera vous en fere plus long discours, sinon supplier Dieu,

Madame, vous donner en très parfaicte santé très heureuse et très longue vie,

(De la main de Mongonmery:) Madame, je vous suplye très humblement vouloyr reconnoistre le sieur de Pironac en ce qu'il vous fera, s'il vous plaist, entendre et qui est de justice.

Vostre très humble et très obeissant fidelle serviteur à jamais,
G. DE MONGONMERY.

A Navarrenx, le IXᵉ d'aoust 1569.

1569. — 11 AOUT.
(Orig. — Bibl. nat., collect. Baluze, vol. 151.)

[M. DE BASSILLON A LA REINE DE NAVARRE.]

Madame, D'autant que [je] m'asseure que le discours des choses passées par deçà vous sera faict par Monsieur d'Arros, je ne m'arresteray à le vous faire; seulement vous advertiray que deux jours y a que le siege est levé de ceste ville, à cause du bruit du secours envoyé par Vostre Magesté, lequel arriva hier 10 d'aost, conduit par Monsieur le comte de Mongomeri, accompaigné de Messieurs les vicomtes (1), ayant belles et honestes compaignies

---

(1) Voici les noms des vicomtes, compagnons d'armes de Mongonmery : Bernard Roger de Comminges, vicomte de Bruniquel; Bertrand de Rabasteins, vicomte de Paulin; Antoine de Rabasteins, vicomte de Montclar; le vicomte de Montaigu; le vicomte de Caumont et Géraud de Lomagne, vicomte de Sérignac, frère de Terride.

et n'a sejourné en vostre ville de Navarrins qu'une nuit et un jour, mais s'est incontinent achemyné vers Orthès, ou l'ennemi, au moins la pluspart, estoyt retiré, me commandant de le suivre, avecq certaines compaignies, ce que feray avec l'aide de Dieu, lequel m'asseure nous assistera, si bien que les choses succederont à sa gloire et à vostre service pour lequel j'exposeray ma vie tant que demeureray en ce monde. Sur ce prieray Dieu,

Madame, qu'il vous ramene en ce païs en toute prosperité et santé, avec Monsieur et Madame, vos enfans, pour donner ordre aux affaires, comme est bien besoin.

Vostre très humble et très obeissant sujet et serviteur,
BASILON.

Escrit en vostre ville de Navarrens, ce 11ᵉ d'aost 1569.

1569. — 13 AOUT.
(Orig. — Bibl. nat., collect. Baluze, vol. 151.)

[M. DE RAPIN (1) A LA REINE DE NAVARRE.]

Madame, Combien je vous aye escript il n'y a que deux jours des afferes de vostre pays de Bearn, touteffois M. de Larbins et moy avons advisé, tenant telle occasion, vous en advertir seurement et comme il arriva en vostre ville de Navarrens le VIIᵉ de ce present moys; et pour ce, Madame, que ce porteur est suffisement instruit tant de vos afferes que de ceulx du deçà, je m'en remectray à sa suffizance et vous supplie très humblement me faire cest honur de l'entendre.

Et sur ce, Madame, je prie Dieu vous tenir en sa sainte garde.

Vostre très humble et très obeissant serviteur,
RAPPIN.

De Montauban, ce 13 aout 1569.

(1) Pierre de Rapin, frère du brave capitaine Philibert de Rapin, gouverneur de Montauban, décapité à Toulouse le 13 avril 1568, et aïeul du fameux Rapin-Thoyras. Sur ces Rapin, illustres dans les guerres et dans les lettres, consultez la publication de M. de Cazenove: *Rapin-Thoyras, sa famille, sa vie et ses œuvres*, Aubery, 1866, in-4°.

1569. — 16 AOUT.

(Orig. — Bibl. nat., collect. Baluze, vol. 151).

[M. DE MONGONMERY A LA REINE DE NAVARRE.]

Madame, Je vous ay dernierement escript par le sieur de Pyronac comme les ennemys avoient levé le siege de devant vostre ville de Navarrenx, et que je les venois trouver en ce lieu. Ce que j'ay faict, où Dieu nous en a donné la victoire, comme vous dira ce porteur, ayant pris Monsr de Tarride (1), la pluspart des chevaulx et gentilzhommes de sa suite, desquelz je vous en envoye une liste et le double de la composition qui a esté faicte; ayant eu aussi quatre canons, quatre coullevrines et trois moyennes (2), avec ce sept ou huict cens soldatz des leurs demeurez sur la place, les autres rendus à nos compaignies, les autres mis en desroutte, saize enseignes de leurs gens de pied, une de la compaignie dudict sieur de Tarride, une autre du sieur de Naigrepellice (3), et la pluspart de leurs armes et chevaulx (4). Vous asseurant bien, Madame, que je ne perdray

(1) Antoine de Lomagne, seigneur et baron de Terride, « visconte de « Gimois, chevalier de l'ordre du Roy, capitaine de cinquante hommes d'armes « de ses ordonnances, lieutenant général, chef et conducteur de l'armée par « Sa Majesté ordonnée pour la protection et sauvegarde du pays de Béarn », tels sont les titres dont se qualifiait Terride dans ses ordonnances et mandements (Bordenave, p. 218). Il avait bien près de soixante ans lorsqu'il reçut du duc d'Anjou la mission d'envahir les états de Jeanne d'Albret et d'en extirper l'hérésie. Échangé contre le frère de Mongonmery, Terride se retira à Eauze, où il mourut dans le courant de cette même année, 1569.

(2) Une partie de cette artillerie provenait des arsenaux de Bayonne. Peu de jours après la prise d'Orthez, le vicomte d'Orthe, gouverneur de Bayonne, s'adressait au roi Charles IX pour obtenir la restitution des canons dont s'était emparé Mongonmery. Le dernier d'octobre 1570, la roi informait ses *amés et féaulx* les habitants de Bayonne qu'il avait écrit à sa tante, la reine de Navarre, et qu'il espérait que celle-ci aurait égard à leur réclamation (Arch. de Bayonne, AA. 27).

(3) Louis de Carmain, seigneur de Negrepelisse, chevalier de l'ordre du Roi. Battu par Mongonmery, alors que celui-ci gagnait le Béarn, Negrepelisse avait rejoint Terride sous les murs de Navarrenx.

(4) Monluc fut plongé dans le plus grand étonnement en apprenant la capitulation d'Orthez. Suivant lui, Mongonmery ne commandait pas à plus de deux mille cinq cents hommes de pied et quatre cents chevaux : « Ainsin

une seulle heure de temps pour vous faire service très humble et agreable.· Aussi, Madame, je vous supplieray très humblement d'escripre à Messeigneurs les princes et à Monsieur l'amyral qu'ils m'envoient ce que leur ay demandé, tant par La Chappelle, par ledict sieur de Pironac que par le dict porteur. Et je m'asseure, Madame, qu'avec l'aide de Dieu que vous en recepvrez contentement, qui sera l'endroit ou je le suppliray,

Madame, vous donner, en très parfaicte santé, très heureuse et très longue vie.

Vostre très humble et très obeissant fidelle serviteur à jamays,

G. DE MONGONMERY.

A Orthès, le XVI aost 1569.

1569. — 15 AOUT.

(Copie. — Bibl. nat., collect. Baluze, vol. 151.)

CAPITULATION D'ORTHÈS, DU XVᶜ D'AOUST 1569 (1).

Que les ministres, qui ont esté pris en Bearn, seront mis en pleine liberté et asseurance de leurs vies et biens.

Que Monsʳ de Therride, commandant à present dans le chateau d'Orthez, demeurera entre les mains de monsieur le comte de Mongonmery jusques à ce qu'il ayt aussi faict mettre en pleine liberté et asseurance le sʳ de Cormauson (2), son frere, ou baillé huit cens escus soleil pour sa rançon; davantage qu'il ayt mis le baron de Paully (3) en toute liberté et asseurance; et après se retirera, le sieur de Therride, en Bearn.

« on peult juger s'il y avoit apparence. d'avoir peur, ny de penser que ledict « seigneur de Terride, veu les forces qu'il avoit, se feust laissé ainsin surpren- « dre, mesmement veu qu'il estoit bon homme de guerre et avoit de bons « cappitaines; mais ils perdirent l'entendement au bon du coup » (Comment., t. III, p. 284).

(1) Olhagaray, qui ne donne qu'une simple analyse de cette capitulation, la date du 13 et non du 15 août 1569.

(2) Jacques de Mongonmery, dit Courbouzon, lieutenant du prince de Condé, fait prisonnier à la bataille de Jarnac, le 13 mars 1569.

(3) Philippe de Rabasteins, baron de Paulin. Comme son frère aîné, le vicomte de Paulin, il avait fait précédemment partie de l'armée du prince

Quant aux autres chefs, tant de Bearn que d'autres endroits
et autres gentilshommes estant dans ledict chasteau avec le
sʳ de Terride, n'auront nul deplaisir, mais la vye sauve. Toutesfois
demeureront prisonniers jusques à ce qu'ils en ayent racheté
d'autres en leur lieu, qui seront trouvez estre de leur mesme
quallité, ou qu'ils ayent satisfaict à la rançon à laquelle ceulx
de la relligion seroient detenus par les ennemis.

Et quant aux soldats estant dans ledict chasteau, leur est
promis la vye saulve et se retireront ou bon leur semblera,
laissant leurs armes, si non ceulx qui vouldroient demeurer à
l'armée de mon dict sieur le comte, lesquels à ceste fin lui
presteront le serment en tel cas requis et accoustumé et leur sera
donné aussi bon traictement que à ceulx qui suivent la dicte
armée ;

Et pour l'artilherye, qui a esté trouvée au dict chasteau et
ville d'Hortais, demeurera en entier es mains de mon dict sieur
le comte, pour la rendre antre celles de monseigneur le Prince
de Navarre.

Ainsin accordé par mes dicts sieurs de Mongonmery et de
Therride.

———

Liste des personnes, tous gentilz hommes et cappitaines.

M. de Therride;
Monsʳ de Sᵗ Salvy, son frere (1);
Sᵗᵉ Collombe, l'ayné (2);

de Condé. Le 8 septembre 1568, aidé de quelques autres capitaines protestants,
il s'était emparé par escalade de la ville de Gaillac, qui fut ensuite livrée au
plus affreux pillage. Il était prisonnier du vicomte de Mirepoix depuis le mois
d'avril 1569 (*Mém. de J. Gaches*, p. 82).

(1) Gabriel de Lomagne, seigneur de Saint-Salvy, capitaine de cinquante
hommes de pied, mort sans alliance.

(2) Antoine de Montesquiou, seigneur d'Aydie, Sainte-Colomme et autres
lieux, fils aîné d'Imbert de Montesquiou, seigneur de Gélas et du Perier, qui
avait longtemps servi Henri d'Albret, roi de Navarre, et de Madeleine, dame
d'Aydie et Sainte-Colomme, unique héritière « de ceste maison valeureuse de
« Saincte Colombe, en Béarn » (Brantome, t. V, p. 327. — Bibl. nat., cabinet des
titres. — Arch. des B.-P.). Il avait pour frère cadet Joseph de Montesquiou, dont
le même historien rapporte la mort glorieuse au siège de Rouen, en octobre 1562.

Basilliac (1);

Jardrez (2);

Damou (3);

Cappitaine Aurout (4);

St Felix, lieutenant de Negrepelisse (5);

Pordeac, lieutenant du s^r de Therride (6);

La Guarrigue, son enseigne;

Faurou, son guidon;

Antoine, roi de Navarre, qui lui-même fut tué devant cette ville, voulant récompenser les services de cette famille, gratifia Antoine de Montesquiou de la charge de sénéchal de Béarn. Jeanne d'Albret refusa énergiquement de sanctionner cette nomination sous prétexte de religion. — Gentilhomme de la chambre du roi, sous-lieutenant de la compagnie d'ordonnances du duc d'Anjou, chevalier de l'ordre de Saint-Michel, Sainte-Colomme avait été chargé par le roi de France, en 1568, de soulever la noblesse Béarnaise. Il reçut en 1569, avec Saint-Salvy, le commandement de la cavalerie de l'armée de Terride.

(1) Étienne de Basillac, fils du baron de Basillac dont il est parlé ci-après. Étienne épousa, le 29 janvier 1574, Françoise de Lévis Mirepoix (Voir sur ce capitaine les *Huguenots en Bigorre*, p. 205).

(2) Gabriel de Béarn, baron de Gerderest et de Pardaillan, vicomte de Juillac et de Mauvesin, seigneur de Mur, Castagnède et autres lieux, était fils de François de Béarn, baron de Gerderest, sénéchal de Béarn, marié en 1524 à Anne de Pardaillan-Armagnac, héritière de la branche aînée de Juillac. Chevalier de l'ordre du Roi et l'un des chefs les plus en renom du parti catholique béarnais, Gabriel devait périr avec Sainte-Colomme et quelques autres à Navarrenx. Il ne laissa point d'héritier de son nom. Sa succession donna lieu à de fort longs débats devant le parlement de Bordeaux. Le 19 juin 1571 intervint une transaction qui assurait aux Pardaillan-Panjas, issus également des Pardaillan-Armagnac, les vicomtés de Juillac et de Mauvezin, ainsi que la baronnie de Pardaillan (Arch. départ. de la Gironde, série notaires).

(3) Charles de Caupenne, baron d'Amou, chevalier de l'ordre du Roi (1568), seigneur de Saint-Cricq, Saint-Pée, Leytos et Bonnegarde, bailli et gouverneur du pays de Labourd, commandant de deux compagnies de gens de pied. Il avait été chargé, avec le baron de Basillac, des premières négociations touchant la remise de la ville d'Orthès. En 1574, il fut nommé sénéchal des Lannes et peu après vice-amiral de Guyenne (Arch. départ. de la Gironde. — Bibl. nat., cabinet des titres, vol. 157. — *Armorial des Landes*, t. III).

(4) Antoine de Majourau, seigneur d'Ourouth, dont la fille aînée et héritière avait épousé, le 19 juin précédent, Germain d'Antin, qui devint ainsi seigneur d'Ourouth. Voir les *Petits Mémoires de Germain d'Antin, seigneur d'Orouth, gouverneur de Lourdes*, publiés par M. J. de Carsalade du Pont.

(5) François, seigneur de Saint-Félix-de-Caraman, chevalier de l'ordre du Roi, lieutenant de la compagnie de trente lances de M. le comte de Négrepelisse. Voir les *Huguenots en Bigorre*, p. 205.

(6) Bernard de Bassabat de Vicmont, baron de Pordiac. Voir les *Huguenots en Bigorre*, p. 205, 206, 219.

Cappitaine Goas (1);

Baron de St Lary (2);

Villara;

Despanel (3);

Le frere de La Guarrigue, appellé Moncausson;

Le frere de Faurou;

Cappitaine Pierre (4);

Cappitaine Sainct Martin (5);

Cappitaine Sallies;

La Marque, valet de chambre du roy (6);

Gayse;

Pellefigue (7);

L'Isle;

Varennes;

Podains, le jeune (8);

Artigues (9);

(1) Gui de Goas, gendre du baron de Navailles-Peyre, gouverneur de la ville de Pau (Arch. des B.-P.).

(2) Georges de Montlezun, baron de Saint-Lary, seigneur de Betplan, Haget et autres lieux, enseigne de la compagnie de François de Deveze, seigneur d'Arné (1557), et depuis gouverneur pour le roi à Lavardens. Il était, par sa mère, neveu de Terride. Voir La Chenaye-Desbois, Dict., généal. Monlezun.

(3) N. de Gauléjac, seigneur d'Espanel en Quercy.

(4) Sans doute ce même capitaine Pierre, basque, dont Brantome raconte la mort au second siège de la Rochelle (t. V, p. 323).

(5) Jehan de Colombots, seigneur de Saint-Martin, gentilhomme ordinaire de la chambre du Roi. Quelques années après il épousait la veuve de Gerderest, son ancien compagnon d'armes, demoiselle Rachel de Rivière-Labatut (Arch. départ. de la Gironde, Gay, notaire, liasse 307).

(6) Successivement valet de chambre d'Henri II et de Charles IX. Monluc le cite souvent comme envoyé par ce prince en diverses missions de confiance. Ce fut La Marque, remis en liberté, qui porta à Charles IX la nouvelle du désastre de Terride.

(7) Antoine de Saint-Orens, seigneur de Pellefigue au diocèse d'Auch, fils de Cléophas de Saint-Orens, seigneur de Saint-Orens (Classun) dans les Landes et vicomte de Pellefigue, mort en 1562, et de Françoise de Latour. Antoine était né le 22 mars 1547. Il testa, le 2 août 1613, en faveur d'Antoine, son neveu, fils de son frère cadet, Odet de Saint-Orens, seigneur de Fanjau (Nobil. de Montauban, jugem. de maintenue de noblesse).

(8) Charles de Poudenx, fils aîné de François, seigneur de Poudenx, que le Roi nomma, le 1er novembre 1570, chevalier de l'ordre de Saint-Michel.

(9) Une généalogie manuscrite de la maison de Mont, en Armagnac, dit que ce capitaine Artigues, appelé Lartigues par quelques historiens, était Jean-

La Massague;

Candau (1);

Son frere, Bidoa;

Sus (2);

Bedorede (3);

Baron de Bassilliac (4);

Cappitaine La Borde.

1569. — 17 aout.

(Orig. — Bibl. nat., collect. Baluze, vol. 151.)

[M. DE FENARIO (5) A LA REINE DE NAVARRE.]

M[adame], Jamès gens n'ont experimenté la bonté singuliere
de Dieu envers les siens et ses œuvres admirables que nous avons
à ce coup, les aïant faictes telles par deçà qui surpassent toutes
forces humaines et qu'homme n'eust ausé esperer par le bon soin
qui vous a pleu avoir de voz bons et pouvres subgects, captifs
et fugitifs, aïant envoié si bien à propos ung si notable seigneur,

Antoine de Mont, seigneur de Lartigues et de Gellenave. Voir aussi Monlezun,
Hist. de la Gascogne, t. V.

(1) François de La Salle, seigneur de Candau, Placiis et Bellegarde.

(2) Antoine-Gabriel, seigneur de Sus, que tous les historiens mettent à
tort au nombre des gentilshommes tués à Navarrenx. Nous le retrouverons
plus tard fidèle partisan de la cause des réformés.

(3) Alexandre de Bedorède, seigneur de Norton et de Gayrosse, commandant
pour le roi une compagnie de gens de pied. Dans un acte du 22 octobre 1572,
Alexandre de Bedorède déclare qu'ayant été fait prisonnier au siège d'Orthez,
il est obligé de vendre la plupart de ses biens pour payer la rançon fixée par
M. de Mongonmery (*Armorial des Landes*, t. III).

(4) Jean, seigneur et baron de Basillac, chevalier de l'ordre du roi, sénéchal
de Nébouzan. Il avait été choisi pour gouverner la Bigorre, alors que ce comté
s'était soulevé contre Jeanne d'Albret. Le baron de Basillac testa au château
de Tostat (Hautes-Pyrénées), le 2 janvier 1576, et mourut peu après.

Les historiens déjà cités nous apprennent que quelques-uns de ces prisonniers
devaient, en dépit de la foi jurée, périr de la façon la plus misérable. Nous
reviendrons en temps opportun sur ce dramatique événement.

(5) Bertrand de Fenario, d'abord maître des requêtes de la reine de
Navarre (1566) et depuis conseiller au grand conseil. Il mourut en 1576.
On trouve aux Arch. des B.-P. (B. 340) le rôle des bénéfices et des biens saisis
par M. de Fenario, commissaire de Jeanne d'Albret.

doué d'une si grande crainte de Dieu et de tant de graces, qui me font esperer que Dieu continuera sa benediction en luy pour luy faire parachever l'œuvre qui a commencé heureusement, aïant avec luy une fort belle et honorable compagnie, de quoy, pour mon regard, en loue Dieu infiniement et vous en mesme temps. Je ne puis, com'aussi je pense n'estre besoin, vous reciter par le menu les merveilles advenues, veu que suffisamment en serés advertie par le messagier que ledict sieur vous envoie. Entre les prisonniers en y a plusieurs Bearnois, à l'endroict desquels vous supplie que justice regne et ne soit point empeschée, car c'est par icelle seule que Dieu vous fera regner (1). Et à ces fins, vous plaise adviser et provoir de nombre suffisant de juges et conseillers, au lieu d'iceux qui, malheureusement et à mon grand regret, ce sont revoltés contre Dieu et vostre service, les noms desquels, m'asseure, ne vous sont cachés, et ce le plus promptement que vous sera possible, car jusques à ce que l'exercice de la justice soit remis, se peult estre qu'il n'y ait grands desordres, et par icèlluy, oultre que Dieu en sera glorifié, sera proveu à affaires infinis à vostre service et repos public.

Je me tiens près dud. sieur par son commandement, combien que ce me soit fort difficil, vivant du tout par emprumpt, aïant ma povre femme preste à s'accoucher à Aire, où M. de Monluc est : et me fault avoir soin de six petis enfans, que Dieu nous a donné, et sont despartis çà et là et trois d'iceulx entre les mains de M. de Peire (2), m'aïant volé tout mon bien et icelluy distribué et nomement à M. de Bordanave (3), jadis vostre conseiller et à present president du roy de France, la maison que j'avois à Pau : et m'a mis en tel estat que, n'estoit l'asseurance que j'ay en Dieu et V. M., je serois en grand travail

---

(1) Cette phrase, écrite deux jours après la capitulation d'Orthez, trahit les funestes résolutions du vainqueur et le peu de cas qu'il comptait faire de la foi jurée aux prisonniers. Les massacres de Navarrenx parurent tellement odieux que Jeanne d'Albret, Mongonmery et les chefs protestants les désavouèrent. Quel témoin à charge que ce conseiller de la reine de Navarre !

(2) Henry de Navailles, seigneur et baron de Peyre, gouverneur de Pau, dont il sera plus amplement question ci-après.

(3) Jean de Bordenave, nommé président du Conseil catholique institué par Terride.

de povoir subvenir à ma famille. Nous ne pouvons avoir certaines nouvelles du povre mestre Pierre de La Fontaine, mais j'espere que Dieu le delivrera, dont je lui en prie. Je trouve led. sieur fort affectionné à vostre service, comme est aussi une grande partie des gentilshommes qui sont avec luy, nommement M. de Montamat, qui vous est non seulement fort bon advocat mais aussi executeurs de beaux arrests.

Vostre très h. subject et serviteur,
B. FENARIO.

D'Orthès, ce 17 d'aost.

1569. — 21 AOUT.
(Orig. — Bibl. nat., collect. Baluze, vol. 151.)

[M. DE MONTAMAT A LA REINE DE NAVARRE.]

Madame, Lorsque monsieur le comte de Mongomeri vous despecha le dernier message d'Horthès en hors, je m'estoys desjà acheminé conduire le sieur de Terride et les aultres de sa suyte qui ont esté faictz prisonniers à la victoire que Dieu nous a donné au combat qui a esté si heureux, que nous les avons deffaictz tour à tour, prins leur artilherie, bagages, enseigne et generalement tous les chiefs qui se sont trouvés audict combat prisonniers, entre lesquels sont les sieurs de Bazillac, Jardrès, Saincte Colombe, Pordeac, Gohas, blessé d'une arquebouzade au col, Sainct Phelis, lieutenant du sieur Negrepelisse, et plusieurs aultres qui seroint long à les escripre, et n'y a aulcun d'iceulx mis en liberté que par vostre commandement, quelque raison qu'ils sachent presenter. Après la dicte victoire et m'en revenant du dict Navarrenx, je me suys acheminé vers Pau à toute diligence, dont la ville et chasteau furent rendus à vostre obeyssance, ensemble la ville de Nay où estoyt le capitaine Bonasse (1), qui se sauva grande vitesse vers Tarbes, ayant

---

(1) François de Béarn, seigneur de Bonnasse.

escript au capitaine Bassilhon, son antien amy, qu'il estoit bien
desolé, luy recommandant sa femme (1). Des aultres particularités ne vous en feray plus longue lectre, pour ce que j'ay chargé
le pourteur de vous le dire de bouche. J'ay trouvé l'inventaire
que le sieur de Terride avoyt faict faire de voz meubles du
chasteau de Pau : à ce jourd'huy on comance à aider à la verif-
fication. J'espere que la perte de vos dictz meubles ne sera si
grande que vous avés cuydé. Au reste, de tout ce que verray
estre bon pour vostre service, je n'oblieray rien de m'y employer
de loyalle affection. Me Ydron est superintendant des finances
et n'oblie rien de son cousté à vous servir fidellement. En
atendant le reste de voz commandementz sur la procedure que
voulés qu'on face aux rebelles de Vostre Majesté (2), Madame,
je prieray Dieu vous tenir en très bonne santé et vous doint
très longue et heureuse vie.

Vostre très humble et très obeissant serviteur,
MONTAMAT.

De Pau, ce xxie aoust 1569.

M. de Gramont est au mesme estat de tousjours (3).

---

(1) Bonnasse, rapporte l'historien Bordenave, avait promis aux habitants de
Nay de rester avec eux et de les aider à défendre leur ville ; dans la prévision
d'un siège, il avait fait empoisonner les vins qui étaient restés dans les fau-
bourgs de la ville « avec des crapauds qu'il fit mettre dedans par un appoticaire,
« qui en fut depuis pendu ». Deux heures après, il quittait Nay précipitamment,
se dirigeant vers les montagnes du Lavedan.

(2) Cette phrase semble indiquer que déjà la reine de Navarre avait donné
des ordres au sujet des gentilshommes faits prisonniers à Orthez. Serait-ce
les ordres apportés par Hespérien et La Rose ? Voir plus bas la lettre du
5 septembre. D'après Monluc (*Comment.*, t. V, p. 230), ce serait dans la soirée
même du jour où cette lettre fut écrite qu'aurait eu lieu leur exécution à
Navarrenx.

(3) Mongonmery avait usé de tout son crédit pour décider M. de Gramont
à marcher avec lui. Mais les exigences de ce dernier avaient été si grandes
que ordre lui avait été donné de se tenir éloigné de l'armée à une distance
d'au moins deux lieues.

1569. — 23 AOUT.

(Orig. — Bibl. nat., collect. Baluze, vol. 151.)

[M. DE MONTAMAT A LA REINE DE NAVARRE.]

Madame, Je vous ay desjà escript l'estat de vos affaires de ce pays de Bearn, en quelle disposition ils sont et que, par la grace de Dieu, tout le pays de Bearn est tout entierement randu soubz vostre obeissance et les principaux chiefs prisonniers et les autres leurs maisons bruslées et n'y reste que la Basse Navarre. Monsieur de Luxe et Domazan se sont retirés avec si peu qui est moins que rien : le capitaine Bassillon y est allé avec quelques compagnies de gens de pied, levés sur le pays de Bearn, pour chastyer ces gens là et reduyre comme le reste. Nous n'y pouvons aller pour cause que Monsr de Monluc se veult joindre avec Monsr le mareschal Damville, le long de la riviere de la Dou (1), pour empescher nostre retour (2), ou bien cuydant nous acculer en ce pays icy, et nous sommes après à tanter tous les moiens de leur empescher leur adjonction et rompre leurs desseings. Si monseigneur le Prince, vostre fils, desbandoit quelque nombre de caballerie vers le chemin d'Agen, passé la Garonne, nous les empescherions se pouvoir retirer et si reduy-rions la Gascogne, non plus ny moins qu'avons faict le pays de Bearn. J'en avois baillé le memoire à La Chapelle, en partant de Castres, pour monstrer à mon dict seigneur et à son conseil. Dieu mercy, je y voiois si cler en ce fait, que nous avons faict ce qui est escript et nous ennemis le semblable, de mode que n'y reste que cy après du meschef ou de la victoire. De nostre

---

(1) L'Adour.

(2) Montamat était bien renseigné sur les projets de Monluc. Ce dernier écrivait d'Aire, les 15 et 22 août, à M. de Damville pour l'engager à marcher immédiatement sur le Béarn, où, disait-il, MM. de Luxe, d'Echaux et Domezain soulevaient toute la Navarre ; d'un autre côté, M. de Bellegarde s'apprêtait à mener ses troupes du même côté (*Comment.*, t. V, p. 215). La rivalité qui existait entre Monluc et Damville fut cause de la non exécution de ce projet qui pouvait entraîner la perte de l'armée protestante.

cousté nous ne manquerons point, selon notre pouvoir, de faire
ce que nous sera commandé. On nous a dict que Esponde (1)
est à Montauban et ne peult venyr à nous et nous n'avons eu
aultre commandement de vous despuis nostre partement (2) et
moyens de nouvelles des armées, qui est cause que cela nous
tient ung peu en peyne. Remettant le tout à Dieu et à vostre
bon conseil, je feray fin en luy priant, Madame, vous donner,
en bonne santé très longue et très heureuse vie.

Vostre très humble et très obeyssant serviteur,
-MONTAMAT.

De Pau, ce xxiii° aoust 1569.

Le present pourteur vous descrira la maniere de nostre procedé
sur l'excellence de la justice, jusques à ce que vous y ayés
aultrement ordonné (3). Monsr de Lesca (4) mourust le xxi° de
ce mois et l'on ne lui a rien trouvé d'argent.

---

(1) Enecot de Sponde, successivement secrétaire de Jeanne d'Albret, conseiller et maître des requêtes au conseil de Navarre. On retrouvera plus loin
quelques-unes de ses dépêches.

(2) Aveu précieux que l'on doit noter avec soin. Mongonmery lui-même
se plaindra bientôt de ce manque d'ordres de la part de Jeanne d'Albret.

(3) N'est-ce pas une allusion au massacre de Navarrenx, et les deux principaux
chefs, Mongonmery et Montamat, n'auraient-ils pas pris sur eux d'ordonner
cette horrible exécution? Il faut rapprocher de cette phrase celles que nous
avons soulignées dans les lettres du conseiller Fenario et de Montamat, 17 et
23 août. Il semble ressortir de ces témoignages qu'il y eut préméditation dans
le crime.

(4) Louis d'Albret, évêque de Lescar, que la cour de Rome avait excommunié comme hérétique. Peu de jours avant sa mort, Louis d'Albret avait
vu sa maison épiscopale envahie par les troupes de Terride ; ses meubles avaient
été enlevés et son argent volé ; sa personne même eut à subir de cruels
traitements.

1569. — 23 août.

(Orig. — Bibl. nat., collect. Baluze, vol. 151.)

[M. DE MONGONMERY A LA REINE DE NAVARRE.]

Madame, Par les dernieres letres que vous ay escriptes n'y a que deux jours, je vous mandois que m'acheminant en vostre chasteau et ville de Pau, ceulx qui estoient des ennemys dedans s'en estoient retirez par une frayeur et espouvantement (1); et après, comme je m'acheminois à Olleron, ceulx de dedans n'en ont moins faict, estant aujourd'huy à vostre obeyssance, et y ont trouvé cinq canons et une coulleuvrine que les dictz ennemys y ont laissez. Je party et m'en allés à Moleon, que je crois qu'il n'en fera moins, et de là en Basque, pour m'emploier à vostre service le mieulx qu'il me sera possible. Madame, despuis deux jours l'evesque de Lescar est mort; je vous suplye très humblement, sur ce qu'il pouvoit tenir, m'en deppartir quelque pension et que j'aye cest honneur d'estre couché à vostre estat. Ce sera pour vous en faire service très humble et entretenir

(1) La ville de Pau avait pour gouverneur catholique Henry de Navailles, baron de Peyre, d'Arbus et autres lieux, parent très proche du baron de Gerderest. Considérés comme les principaux chefs du parti catholique, tous deux avaient projeté un massacre général des protestants de Béarn : l'exécution avait été indiquée pour le jour de la Pentecôte 1568. Le complot échoua par la trahison d'un des conjurés. Lorsque Terride vint au nom du roi de France occuper la province, Navailles reçut pour sa part le gouvernement du château et de la ville de Pau. Son premier soin fut de faire emprisonner et exécuter les ministres du culte réformé qui se trouvaient alors dans la ville. Redoutant à son tour la trop sommaire justice de Mongonmery, Navailles n'attendit pas pour s'enfuir que Pau fût assiégé. Abandonnant le commandement de ses troupes au sieur de Samsons, son lieutenant, le baron de Peyre monte précipitamment à cheval et gagne l'armée de Monluc. Plusieurs historiens (Poeydavant, Monlezun, etc.), rapportent qu'Henry de Navailles, fuyant toujours, alla se cacher à Hagetmau, sous un pont; que, poursuivi par le capitaine Lizier, compagnon de d'Arros, il fut découvert dans sa retraite et tué d'un coup de pistolet. Ce dernier fait est inexact. Le baron de Peyre fut, comme tant d'autres, banni du Béarn. Le 1er janvier 1573, il se trouvait à Auch, où avait lieu le mariage de Marguerite de Navailles, sa fille unique, déjà veuve de Gui de Goas tué à Navarrenx, avec le baron de Meritens Lagor. Dans l'acte qui règle les conditions de cette union, le baron de Peyre annonce qu'il ne pourra délivrer la dot promise que lorsqu'il sera autorisé à rentrer en Béarn (Arch. des B.-P., E. 1489).

mon fils, qu'il vous a pleu et à monseigneur le Prince, recepvoir
à vostre service (1).

Madame, je supplieray Dieu vous donner en très parfaicte
santé, très heureuse et très longue vie.

Vostre très humble et très obeissant fidelle serviteur à jamais,
G. DE MONGONMERY.

A Pau, le 23ᵉ aoust 1569.

1569. — 23 AOUT.

(Orig. — Bibl. nat., collect. Baluze, vol. 151.)

[LE VICOMTE DE SÉRIGNAC (2) A LA REINE DE NAVARRE.]

Madame, Ce present porteur, qui s'en va vers Vostre Magesté,
vous pourra informer de toutes nos actions pour la reduction
de vous villes et estas de vostre païs de Bear, et en attendant
son retour continuerons la devotion que nous avons à vostre
service, attendant vous commandemens, pour l'execution desquels
et pour la gloire de Dieu n'espargnerons nous vyes; et pour
ce que M. le comte de Mongomery vous informe bien au long
et souffizance de toutes chozes, je prieray Dieu, Madame, vous
donner très prospere, très heureuse et longue vye.

Vostre très humble et très obeyssant serviteur,
LOMAGNE.

De Pau, ce xxiiiᵉ aoust 1569.

---

(1) Sans doute son fils aîné, Jacques de Lorge, comte de Mongonmery après
son père, et gouverneur de Castres, qui ne laissa qu'une fille, nommée Marie,
alliée à Jacques de Durfort, comte de Duras.

(2) Géraud de Lomagne, vicomte de Sérignac, troisième frère de Terride.
Partisan déclaré de la réforme, il avait joint Mongonmery à Castres et depuis
le suivit dans toutes ses expéditions. Après la mort de son frère aîné, il prit
le nom de vicomte de Terride.

1569. — 5 SEPTEMBRE.

(Orig. — Bibl. nat., collect. Baluze, vol. 151.)

[M. DE MONGONMERY A LA REINE DE NAVARRE.]

Madame, C'est jà le treize ou quatorziesme messaiger que je vous ay envoié et à Messeigneurs les princes, du jour que fus party de Castres, sans avoir eu aucune nouvelles ny respons de vous, fors que par Mes^{rs} Sperien (1) et de La Roze (2), qui arriverent hier, dont si tost que j'entendy d'eulx ce que leur aviez chargé me dire, je depesché autre homme pour retourner vers vous. Je croy, Madame, que je suis mis au rang des pechés oubliés : touttefoys je continueray tousjours vous faire entendre comme toutes choses se passent par deçà, vous asseurant que vous avez aujourd'huy traize canons et huict coulleuvrines acquis, dans tout vostre pays de Bearn et Bigorre qui sont à vostre obeissance, esperant que demain nous aurons bonne yssue de Marsiac (3), et si j'avois ce que vous ay demandé par toutes les letres que vous ay envoyées, je m'asseurerois que vous en recepvriez un grand contentement, vous suppliant très humblement, Madame, d'en avoir souvenance et les envoier le plus promptement qu'il vous sera possible, tant pour le bien qu'il vous en peult arriver qu'au contraire rompre plus et grandes menées qui se brassent contre moy et pour la mauvaise yssue qui y pourroit arriver, si promptement vous n'y remediez.

Madame, je supplieray Dieu vous donner, en très parfaicte santé, très heureuse et très longue vie.

Vostre très humble et très obeissant fidelle serviteur à jamays,
G. DE MONGONMERY.

A Tarbes, le cinq^e de setembre 1569.

---

(1) Pierre Hesperien, dont il a déjà été question.
(2) Auger de Larose, trésorier général des finances de Béarn et de Navarre. Ces deux messagers de Jeanne d'Albret arrivèrent donc en Béarn l'exécution de Navarrenx accomplie.
(3) Après avoir tenu conseil à Marciac avec M. de Bellegarde, Monluc avait décidé de battre peu à peu en retraite vers le Condomois. Le 27 août, il informait M. de Damville de sa résolution (*Comment.*, t. V, p. 225).

Madame, d'aultant que les pacquets se peuvent perdre, je vous ay escript à trois ou quatre [fois] que l'evesque de Lescar est mort et vous supliois très humblement, comme encor je faiz, avoir cest honneur d'estre couché à vostre estat, et que je sois vostre pensionnaire sur ce qu'il pouvoit tenir. Ce sera pour vous en faire service très humble. Au reste je vous veulx bien advertir que nous tenons le fils de celuy qui tient vostre chasteau de Foix estant dans Navarrenx. J'espere que par son moien vous le retirerez.

1569. — 6 SEPTEMBRE.

(Orig. — Bibl. nat., collect. Baluze, vol. 151.)

[M. DE PEYRE-MARCHASTEL A LA REINE DE NAVARRE (1).]

Madame, Comme j'estois en chemin pour aller au pays de Bear pour vostre service, j'ay trouvé Bruant, present pourteur, en ce lieu du Mas d'Agenès, qui s'en alloict vers Vostre Magesté,

(1) Geoffroy-Astorg-Adelbert de Cardaillac-de-Peyre-Marchastel, d'abord seigneur de Thoiras, puis baron de Peyre après la mort de son frère aîné, François, massacré à Paris le jour de la Saint-Barthélemy (Voir les *Exploits de guerre* de Mathieu Merle, son protégé et capitaine de son château de Peyre). Geoffroy, appelé tantôt Marchastel, tantôt Thoiras, mais plus souvent Marchastel (de Thou, *Hist.*, t. IV, p. 386, dit : Thouras, fils de Peyre, autrement dit Marchastel), commandait une compagnie dans l'armée des Vicomtes. Lorsque ceux-ci se replièrent sur Castres pour organiser avec Mongonmery l'expédition du Béarn, il se rendit dans le Rouergue et le Gévaudan pour y lever des troupes. Nous dirons un peu plus loin comment il rejoignit Mongonmery et quels ravages il fit sur son passage. Il épousa, le 21 juin 1579, Marie de Quellenec, veuve de Antoine de Caires, seigneur d'Entraigues, et mourut en 1608, n'ayant eu qu'un fils, Jacques, assassiné le 14 juin 1608 dans le château d'Aubais, et une fille héritière de tous les biens de la maison de Peyre et mariée le 23 avril 1604 à François de Solages, baron de Tholet, sénéchal du Rouergue (*Pièces fugitives*, etc., du marquis d'Aubais, t. II. — *Voyage de Joyeuse en Gévaudan*, p. 11).

Marchastel était protestant ; il figure comme tel en tête des hommes d'armes du baillage de Mende dans un rôle du ban et de l'arrière-ban, du 25 octobre 1575; « *Hommes d'armes* : M. de Peyre est décédé a Paris, et a present la veuve « (Marie de Crussol-Acier) et le sieur de Marchestel sont de la prétenduc « relligion et portent les armes contre le Roy ». (*Pièces fugitives*, etc., t. II, *Mélanges*, p. 74).

lequel j'ay voulleu accompaigner de ce petit mot pour vous baiser les mains en toute humilité et privance ; et pour vous faire le discours comme toutz affaires se passent par dessà je m'en remettray à la souffisance dud. Bruant, lequel vous pourra dire, Madame, que j'ay avec moy quatre cens chevaulx et plus, toutz deliberés et resolleus de vivre et mourir pour vostre service, — où sera l'endroict que je prie Dieu vous donner,

Madame, très heureuse et très longue vye.

Vostre très humble et très obeyssant serviteur,
DE PEYRE.

Escript au Mas d'Agenès, ce vi^e septembre 1569 (1).

1569. — 7 SEPTEMBRE.

(Orig. — Bibl. nat., collect. Baluze, vol. 151.)

[LE VICOMTE DE CAUMONT A LA REINE DE NAVARRE (2).]

Madame, Je vous escripvis dernierement, vous discourant les graces que Dieu nous avoit faittes d'avoir rompeu nos ennemys et levé le siege de Navarrenx. A present tenant la comoditté, n'ay vouleu failhir, encore que Monsieur le comte de Montgommery vous en escripve au long, de vous avertir comme Dieu nous

---

(1) Voir dans les *Commentaires* de Monluc, l'*Histoire de l'Agenais*, par Samazeuilh, et la *Monographie de Casteljaloux*, par le même, comment Monluc tenta vainement d'arrêter Marchastel. Il partit du Mas d'Agenais ce même jour et rejoignit Mongonmery à Grenade, le 10.

(2) Jacques de Châteauverdun, vicomte de Caumont, l'un des chefs les plus exaltés et les plus fougueux de l'armée des Vicomtes, s'était joint à Mongonmery quand il traversa le comté de Foix pour se rendre en Béarn. Il venait d'être nommé gouverneur du comté de Foix lorsqu'il mourut le 2 juillet 1573. Les écrivains protestants ont fait de ce seigneur foxéen un de leurs plus grands capitaines. Voici le jugement que porte sur lui Olhagaray : « C'estoit au demeu-
« rant un personnage fort signalé, valeureux, sobre, accort et vigilant. Cette
« vigilance estoit telle en luy, qu'il départoit la nuit en trois ou quatre parties,
« dont la moindre estoit celle qu'il donnoit au sommeil ; le reste il l'employoit
« à visiter luy même en personne l'état des corps de gardes, veillant toujours
« tant sur le particulier que sur le général » (Olhag., *Hist. de Foix*, p. 637).

a si bien continué ses faveurs que tous vos païs de Bearn et Bigorre sont à present soubz vostre obeissance et les rebelles chastiés pour leur temeritté; et por ce, Madame, que nous attandons ce qu'il plairra à Vostre Majesté que nous fassions pour vostre service et que la trop longue demeure par dessà nous pourroict incommoder de vivre, vous plairra vous souvenir de vostre comté de Foix (1) et panser à l'importance de quoy elle est, et que passant nostre armée par là feroict bien tost remise. De ma part, Madame, je desire avoir ce bien d'estre employé pour le service de Vostre Magesté non seulement en la comté, mais en toutz lieux qu'il vous plairra me faire tant d'honeur de me comander vostre voulonté; je supplye le Seignenr,

Madame, vous donner très longue vye.

Vostre très humble et très obeissant serviteur,
CAUMONT.

D'Agen, ce viie septembre 1569.

————

1569. — 11 SEPTEMBRE.

(Orig. — Bibl. nat., collect. Baluze, vol. 151.)

[M. DE MONGONMERY A LA REINE DE NAVARRE.]

Madame, Je vous ay par plusieurs fois mandé l'estat des affaires de par deçà et comme ils succedoint à mieulx en mieulx, par la grace de Dieu, sans que jamais j'ay receu aucune responce de vous, sinon par Messrs Desperien et La Roze; combien que ce soit jà le quinziesme messager que vous aye envoyé, vous entendrez, s'il vous plaist, que tout vostre pays de Bearn et celuy de Bigorre sont à votre obeissance, et aussitot aprez me suis acheminé par deçça, où se sont rendus les chataulx et villes de Martiac (2), St Sever et Mont de Marsan (3), desquelles j'espere

(1) La vicomté de Caumont (aujourd'hui Calmont) est située sur la rive droite du Lers, à peu de distance de Mazères, dans le comté de Foix.

(2) Marciac, chef-lieu de canton de l'arrondissement de Mirande (Gers).

(3) Mont-de-Marsan dut payer une imposition de dix mille livres; Saint-Sever fut taxée à quinze mille.

tirer quelques deniers pour la cause; et y auroit moyen d'en faire beaucoup en ce pays, si j'avois ce que vous ay demandé, soit pour faire icy sejour, ou pour ma retraicte, il est besoin que j'en aye. Madame, il vous plaira sur ce que dessus adviser et incontinant que je sçauray vostre volonté je mettray peine de l'accomplir, qui sera l'endrect ou je supplieray Dieu,

Madame, vous donner en très parfaicte santé, très heureuse et très longue vie.

Vostre très humble et très obeissant fidelle serviteur à jamays,
G. DE MONGONMERY.

De Grenade (1), le xI^e de septembre 1569.

Monsieur de Thoras (2) est venu icy avec bien bonnes trouppes et j'auray besoing d'avoir icy des gentils hommes pour garder les places à qui vous vous puissiez fier.

1569. — 19 SEPTEMBRE.

(Orig. — Bibl. nat., collect. Baluze, vol. 151.)

[M. DE PEYRE-MARCHASTEL A LA REINE DE NAVARRE.]

Madame, Je fus en ce lyeu avec monsieur le comte de Montgomeri pour vous fere servisse et parce qu'il vous escript le besoing qu'il y a que Vostre Magesté luy envoye quelques forses, je ne vous en diray aultre chose fors que sy vous le fectes, pouvés fere estat, non seulement de la conservation de vostre pays de

(1) Grenade sur l'Adour, arrondissement de Mont-de-Marsan (Landes).
(2) Marchastel-Thoiras, trompant la vigilance de Monluc, partit du Mas d'Agenais le 6 septembre, vers les trois heures du soir, à la tête de 300 chevaux, prenant sa route vers les Landes, en remontant la Garonne, passa à Nérac et entra dans les Landes par Gabarret. Il existe une longue enquête sur les ravages des huguenots dans le diocèse d'Aire, semblable à celle que MM. Durrier et de Carsalade ont publiée dans les *Huguenots en Bigorre*. On peut, à l'aide de cette enquête, suivre pas à pas Marchastel depuis son entrée dans les Landes jusques à son arrivée à Grenade. Voici dans l'ordre de marche les noms des églises qu'il pilla et brûla : Gabarret, Saint-Julien, le Saumont, Mauvezin, Arouille, Estigarde, Vieille, Saint-Go, Saint-Martin, Roquefort et tous ses

Bear, mès du Guien (1), de tout ce qui est despuis la riviere de Dordogne jusques à Tholouze ; et au contrere, sans forsses nouvelles, d'ung ampeschement à tout cella, oultre l'hasard auquel vous metés de ce perdre ung bon nombre de gens de bien et de servisse, qui, à leur default, ne debvés faire estat ny de vostre pays de Bear ny du reste, oultre l'advantage que en recepvra l'annemy, ce servant après des moyens que nous avions et hussions heu et de leurs forsses, qui après yront sur les bras de Monseigneur vostre fils. Vous panserés, s'il vous plet, Madame, car c'est à ce coup qu'il y va pour vous grand guein à la cause, ou vostre grandissime perte (2).

Je bayse les mains de Vostre Magesté en toute humilité et reverance, priand Dieu vous donner, Madame, très longue et heureuse vye.

Vostre très humble et très obeissant serviteur,
DE PEYRE.

A Amou (3), ce xixe septembre 1569.

---

environs, Vialotte, Lugaut, Reigeous, Aruc, Guinas, Lencouacq, Cachen, Belis, Maillères, Canens, Corbluc, Bastens, Bargues, Lucbardès, Pouydessaux, Ville-neuve de Marsan, Pujo ; entra le 10 septembre dans le territoire de Grenade déjà ravagé par Mongonmery. Il n'avait fallu à Marchastel que quatre jours pour entasser toutes ces ruines. Il passa sur ces contrées, avec ses 300 chevaux, comme une avalanche.

(1) La Guienne, où l'armée catholique était maîtresse de presque toutes les places.

(2) Cette lettre si pressante trahit les craintes et les préoccupations que donnait aux chefs de cette expédition l'arrivée subite de Monluc avec des troupes fraîches. Monluc campait à Saint-Maurice aux portes mêmes de Grenade, le 19 septembre. Lorsque Mongonmery l'apprit « il monta incontinent à cheval « sans descendre jusques à ce qu'il feust à Orthez » (Comment., t. III, p. 310. — T. V, Lettres, p. 240).

(3) Aujourd'hui chef-lieu de canton du département des Landes. La seigneu-rie d'Amou, érigée depuis en marquisat, appartenait à la maison de Caupenne, dont l'un des membres ménagea, avec le baron de Basillac, la capitulation d'Orthez.

1569. — 24 SEPTEMBRE.

(Orig. — Bibl. nat., collect. Baluze, vol. 151.)

A MESSIEURS LES GENS TENANS LE CONSEIL DE LA ROYNE, SÉANT A PAU (1).

Messieurs, J'avois par cy devant baillé une commission au porteur pour saysir et prendre ez mains de la Royne, tous biens appartenans à feu M^r de Ste Colome en la vallée d'Ossau (2), pour iceulx tenir et garder en seure protection jusques à tant que par Sa Magesté y auroit esté autrement pourveu. Touttefois par deppuis j'ay entendu que vous autres (comme je croy vous deffians de ma fidelité, ou bien estimant que le pouvoir qu'à pleut à Sa Magesté me donner ne s'estend jusques là), y avez pourveu par une autre commission vostre et avez faict nouvelle saysie et prins tous les biens meubles, l'une partie desquels avez faict porter la part que vous a pleu, et le reste desd. meubles, à ce que puis entendre, avez faict metre de main aux inquants et bailé au plus offrant, et pour ce qu'il me semble qu'en cella je demeure fort interessé de mon honneur et pour le tort que je voy me faictes de n'avoir daigné pour le moings m'advertir de vostre voulonté, auparavant de faire et executer ce qu'en avez faict, je ne fauldray à m'en plaindre là par où que doys et à qui j'espere m'en sera faict juste reparation, qu'est pour fin de la presente, après m'estre recommandé à voz bonnes graces, suppliant le createur, Messieurs, en santé vous donner longue vie.

A Navarrenx, ce sabmedy xxiiiie de septembre 1569.

(1) Cette pièce n'est pas signée, mais ne peut émaner que du trésorier général des finances de la reine de Navarre.

(2) On trouvera énoncés dans le rôle ci-après rapporté des biens saisis en Béarn par ordre de Jeanne d'Albret : *La maison seigneuriale de M. de Sainte-Colomme, dans la vallée d'Ossau, et les biens qu'il possède à Louvie-Juzon, Izeste et Arudy.*

1569. — 28 SEPTEMBRE.

(Orig. — Bibl. nat., collect. Baluze, vol. 151.)

[M. DE MONGONMERY A LA REINE DE NAVARRE.]

Madame, Je vous ay plusieurs fois mandé l'estat des affaires de par deçà et ce que j'ay auguré estre necessaire, tant pour vostre service et bien particullier que pour la retraicte de tant de gens de bien qui m'ont faict ce bien de m'accompaigner. De rechef je vous envoie le present porteur, qui est de la compagnie de M. de Thouras, pour les vous faire entendre et ce qui est depuis peu de temps advenu (1), à quoy est de besoing promptement y remedier, et pour ce, Madame, je vous suplieray très humblement y adviser plus que jamais. La suffisance de ce dict pourteur me gardera vous en faire plus long discours, sinon suplier Dieu,

Madame, vous donner, en très parfaicte santé, très heureuse et très longue vie.

Vostre très humble et très obeyssant fidelle serviteur à jamais,
G. DE MONGONMERY.

Escript au camp de Sallies, le xxviiie de septembre 1569.

Madame, Le frere du cappitaine La Lane est avec moy, qui s'employe fort à vostre service; s'il vous plaist vous l'aurez en recommandation pour la commanderie St Michel (2) que feu sr d'Onchiondo tenoit.

---

(1) Après avoir imposé des garnisons à Mont-de-Marsan et à Saint-Sever, Mongonmery, voyant son armée décimée par la maladie et pressé par l'arrrivée de Monluc et de Damville dans les Landes, crut prudent de rentrer en Béarn et de mettre ainsi une barrière naturelle entre lui et ses puissants adversaires.

(2) Saint-Michel, canton de Saint-Jean Pied de Port; il s'y trouvait une commanderie qui avait appartenu à l'évêché et au chapitre de Bayonne. Voir *Recherches historiques sur le pays Basque*, par M. l'abbé Haristoy, p. 380.

1569. — 28 SEPTEMBRE.

(Minute. — Bibl. nat., f. franc., vol. 15550, f° 53.)

MEMOIRE

DE CE QUE FIT LE DUC D'ANJOU POUR LA DELIVRANCE DES SEI-
GNEURS DE TERRIDE, Ste COLOMBE ET GOHAS, ENVERS LA REINE
DE NAVARRE, CE QUI NE SERVIT DE RIEN, CAR Ste COLOMBE
ET GOHAS FURENT ASSASSINEZ PAR LES SOLDATS NAVARRINS,
SOUS LE PRETEXTE QU'ILS SE VOULOIENT SAUVER DE PRISON,
MAIS EN EFFET POUR LA HAINE QUE LEUR PORTOIT LA REINE
DE NAVARRE (1).

Si tost que mon dict Seigneur eust advertissement de la
deffaicte du sr de Terride, de sa prise et de celle du sr de
Ste Colombe, soubz lieutenant de sa compagnie de gens d'armes,
et du capitaine Gohas avecques plusieurs antres, craignant ce
qui advint, assavoir qu'il ne leur fust faict ung très mauvais
traictement et speciallement aus sieurs Ste Colombe et capitaine
Gohas pour estre certain de la hayne particuliere que leur portoyt

---

(1) Voici une pièce capitale, adressée par un catholique au roi Charles IX
ou à Catherine de Médicis, qui semble démontrer que la mort des gentilshommes,
conduits prisonniers à Navarrenx, ne peut être imputée à Jeanne d'Albret.
La correspondance de Mongonmery et de Montamat a déjà prouvé que ces
deux généraux étaient restés longtemps sans ordre particulier de la Reine ;
lorsqu'enfin les messagers expédiés de la Rochelle arrivent en Béarn, le crime
est consommé. — En rapprochant le récit ci-dessus d'une lettre écrite par
Monluc au maréchal de Damville (*Comment.*, t. V, p. 230), l'on remarque que
la version du plus grand ennemi de la reine de Navarre diffère peu. Rien
ne vient donc prouver que cette exécution fut faite *sur le mandement de la
Reine*, ainsi que l'affirment de Thou et d'Aubigné. — Reste le nombre des
victimes. Presque tous les historiens le portent à huit : Sainte-Colombe,
Gerderest, Gohas, Abidos, Candau, Salis, Sus et Pordéac, disent-ils, furent
traîtreusement assassinés. De ce nombre, il convient de retrancher deux noms :
celui du capitaine d'Abidos, mort en 1566 (Arch. des B.-P., E. 1637-1639,
et Bibl. nat., *Pièces orig.*, vol. 821), et celui de de Sus, que l'on verra en
1570 sollicitant la clémence de Jeanne d'Albret. On a longtemps ignoré le
lieu précis où s'était accompli ce drame célèbre ; ne se pourrait-il pas aussi
que quelqu'autre gentilhomme eût échappé à cette tuerie? Enfin M. de Ruble
a fort justement contesté (*Comment., ibid.*) le récit imaginé par Favyn, qui
place l'exécution au 24 août, alors qu'elle eut réellement lieu dans la nuit
du vingt et un.

la Reyne de Navarre, il escrivit à la dicte dame et au prince son fils en leur faveur, la priant de leur faire congé sur l'eure, comme à bons et fidelles serviteurs du Roy; l'assurant que si leur estoit faict desplaisir, il ne pardonneroit à nul de ceulx qu'il detenoit prisonniers et qui par cy après tomberoient en leurs mains.

Estant mon dict seigneur arrivé au dict Chinon, il reçust leur respons. Le prince de Navarre se remettoyt sur ce que la Royne, sa mere, luy escrivoyt. La lettre estoit de la propre main de la dicte dame, escripte à Sᵗ Messen (1) le xxiᵉ de septembre, par laquelle elle prioit nostre dict Seigneur croire qu'elle estoit très marye ne luy pouvoir satisfaire en cest endroit, estant la chose hors de sa puissance, d'autant que les dicts Sᵗᵉ Colombe et Gohas estoyent morts par leur faute d'avoir voulu se sauver des prisons où ils estoient en la ville de Navarrins, ayant esté tués à coups d'harquebuzade par les soldatz de la ville, s'estant cachez sur le feste d'une maison, dont elle disoit avoir très grand regret. Ce fut une mort cruelle et ignominieuse que les pauvres gentilz hommes reçurent et contre toute raison de guerre, dont nostre dict Seigneur fust grandement indigné, tant pour l'effaict publique que particullierement pour la valeur et vertu des dicts gentilz hommes très afectionés serviteurs du Roy.

Nostre dict Seigneur reçust en meme temps une lettre par ung trompette du comte de Wolrat de Manstel (2), par laquelle il le prioyt lui envoyer sauf conduit par ung des siens qu'il desiroit depescher vers luy pour chose qui importoyt le service du Roy. Nostre dict Seigneur envoyast incontinent la dicte letre à Sa Majesté, pour si bon luy sembloit accorder ledict passeport, renvoyast le trompette du dict conte en l'asseurant que si tost qu'il auroyt entendu l'intention du Roy, il la luy feroyt sçavoir.

Incontinent que noz pontz à batteaulx furent achevez, nostre cavalerye passa la riviere avecques tout le bagage, qui fust le xxviᵉ et xxviiᵉ, se deliberant, nostre dict Seigneur, partir le

---

(1) Saint-Maixant, commune du département de la Gironde, près de la rive droite de la Garonne.

(2) Wolrad de Mansfeld, qui, après la mort du duc des Deux-Ponts, avait pris le commandement de l'armée allemande venue au secours des huguenots.

lendemain xxviiie, sans perdre davantage de temps à attendre le
surplus de forces qui estoyent encore par les chemins; lesquelles
il advertist de son deslogement, les priant de rechef de se
dilligenter de le joindre pour ce qu'il alloyt trouver les ennemys
affin de les combattre, les exortant ne faillir à ceste si belle
occasion, à laquelle ilz auroyent aprez un extresme regret, oultre
la faulte qu'ils feroyent au service de Sa Majesté. Durant nostre
sejour aud. Chinon, nous perdismes ung grand nombre de gens
de pied, les ungs par maladye et les aultres pour s'estre desbendez.
Ce qui se cognust à nostre partement, car les enseignes se virent
très mal accompagnées et suivies.

Estant dont que toute nostre armée passée la riviere de Vienne,
ayant nostre dict Seigneur pourveu à toutes choses necessaires
et fais partir les marechaux de camp le xxviiie au matin, il
receust le corps de N. S. Jesus-Christ fort devotement, avecques
aulcuns des princes et principaux capitaines de nostre armée,
suivant sa bonne et louable coustume lorsqu'il part resolu de
venir au combat. Puis il monta à cheval accompagné de ceulx
de sa cornette. Le rendez vous estoit donné à nostre bataille à
une lieue devers Chinon. Le duc de Montpensier marchoyt devant
une bonne lieue avecques l'avant garde. Arrivant nostre d.
Seigneur au rendez vous il se mist en chemin et en ordre de
la façon d'une cavalcade, gagnant la ville de Lodun, distante
de cinq lieues dud. Chinon, lieu propre pour coupper les vivres
aux ennemys du costé de leur conqueste et pour estre au devant
d'eux s'ils s'y vouloyent réformer.

1569. — SEPTEMBRE.

(Orig. — Bibl. nat., collect. Baluze, vol. 151.)

[ENECOT DE SPONDE (1) A LA REINE DE NAVARRE.]

Madame, Si on m'a faict en tous mes billets, que je vous ay
adressés, ce qui me feut faict quand Monsr de Lauretz partist

------

(1) Enecot de Sponde, secrétaire de Jeanne d'Albret, était, d'après Olhagaray, un personnage prudent, judicieux, sage, fort homme de bien, pie et

de ce pays, à ce que j'ay sceu après son retour, vous ne les aurez pas receuz, d'autant qu'on les aura rompuz d'avant que partir; mais j'espere que tous les messaigers n'auront pas faict de mesmes et principalement les trois derniers partis, ung de ceste ville et les deux de Salies. Mais laissant cela à part attendant ce qu'il vous plaira me respondre, j'ay depesché ce porteur pour vous dire de bouche ce que (1)... a veu et sceu au voïage qu'il a faict en Aragon et Haulte Navarre, y estant envoyé expressement par moy pour sçavoir si la vanterie de l'ennemi estoit veritable, qui estoit que quatre mil Espaignols debvoient venir se joindre à Messieurs Damville et de Monluc lorsqu'ils sont venus en Chalosse (2), faisant semblant de vouloir combattre Monsienr le comte. Mais oultre que l'Espaignol n'est prest à descendre, ains crainct qu'on l'aille visiter. Le d. sieur Comte a descouvert que les quatre mille Espaignols estoient ceulx qui debvoient entrer à Navarrenx pour y introduire led. sr Damvile sans coup de canon, et voilà pourquoy les Bearnois qui avoient assisté à l'ennemy durant le siege, estoient les biens venus et soutenus (et mesmes ceulx qui ouvertement et à haulte voix avoyent parlé de vous en grand mespris), sur quelcun desquels vous aurez oui parler à Sardan, d'Oloron, que je vous ay depesché. Sur quoy je ne vous puys par papier dire autre chose, sinon que les d. seigneurs Damville et de Monluc se sont retirés aussitost qu'ils ont esté advertis de l'execution que led. sr Comte a faict faire en ceste ville à son dernier voyage (3), comme aussy firent les

religieux; il possédait depuis longtemps déjà toute la confiance de sa maîtresse. En 1563, il avait été envoyé par elle à Genève pour obtenir du consistoire de cette ville *quelques excellens personnages, qui, avec l'intégrité de la religion, pieté et bonnes mœurs, fussent aussi doués de savoir, expérience et conduite pour le conseil, l'administration de la justice et de la police en églises.* Sponde ramena avec lui le fameux Merlin, dont Jeanne souhaitait tant les conseils. — En 1568, après le voyage de la Rochelle, Sponde revint en Béarn; il avait mission de tenir la reine de Navarre au courant des moindres événements.

(1) Le nom est en blanc.

(2) Dès le commencement de septembre, Monluc avisait en effet M. de Damville d'un secours de quatre mille Espagnols, mais sans préciser l'époque de leur entrée en Gascogne (*Comment.*, t. V, p. 235).

(3) Sponde fait ici allusion au meurtre de Bassillon, qui, compromis dans cette conspiration de Navarrenx, fut, ainsi que nous l'avons déjà dit, massacré

Basques et Bearnoys à Bayonne. Le capitaine Bonasse, qui a bravé en Aspe jusques à ce que led. s^r Comte y a envoyé, ayant faict faire une entrepinse, laquelle touttefoys n'a eu effect, combien que M. d'Arros y feut en personne, pour ce que led. s^r de Bonnasse et les siens se sont sauvés aux lieux forts des montagnes voisines d'Aragon, sauf qu'on a bruslé quelques vilaiges (1) et desniché l'idole de Sarrance (2), ayant par ce moyen mis en appetit quelques vilaiges qui faisoyent au paravant les mauvays de se veoir humilier à Monsr d'Arros. Maïs je ne sçay quelle responce leur aura faicte, d'autant qu'il est à Lescar pour assister au synode (3); après la venue duquel, je ne fauldray, s'il plaist à Dieu, de luy proposer ce qu'il vous a pleu ordonner par mes instructions pour le conseil qu'il a à dresser, dont jusques maintenant n'a point esté besoing à cause de la presence de M^r le Comte, lequel a mandé querir deux canons et une couleuvrine qui partirent hier soir et pense que c'est pour aller reprendre le chasteau de Lourde, que le lieutenant du cappitaine Casavant

dans les rues de cette ville. L'historien Bordenave, qui cependant pratiquait la même religion que Mongonmery, ne peut se défendre de blâmer le comte d'une telle action : « C'est un pernicieux exemple, dit-il, et de pire conséquence, « de faire mourir les hommes sans les ouir, convaincre ne condamner et « ne doit etre pratiqué qu'en un danger tres éminent et autrement inévitable « et qu'on n'ayt moyen d'y proceder par la voye de la justice ». L'exécution des gentilshommes faits prisonniers à Orthez ne peut-elle également avoir été ordonnée par celui qui, sur un soupçon non justifié, condamna à mort le malheureux Bassillon, son correligionnaire ?

(1) Bedous, Accous, Osse, Leis-Athas et Urdos furent livrés aux flammes (Bordenave, p. 290).

(2) Siège d'un prieuré dépendant de l'abbaye de Saint-Jean de la Castelle, au diocèse d'Oloron. La vierge de Sarrance était l'objet d'un pèlerinage qui paraît remonter au XIIIe siècle. D'après le savant auteur de la *Chronique d'Oloron*, on parvint, pendant l'invasion de Mongonmery, à soustraire à ses séides la statue de la vierge. Les Espagnols prétendirent que Notre-Dame de Sarrance fut portée par les anges dans le quartier des *Cinco Villas*, et que c'est elle que les Aragonais honorent sous le nom de *Nuestra Senora de Sancto Abarca*, à Taoste. Mais les Béarnais, ajoute le regretté abbé Menjoulet, repoussent absolument ce miracle et restent persuadés que leur chère madone n'a jamais quitté les rochers solitaires des environs de Sarrance.

(3) Le synode de Lescar s'ouvrit le 10 octobre. On y décida la punition de tout prêtre catholique qui continuerait à professer le culte ; des ministres furent envoyés dans tous les villages, avec ordre aux habitants d'assister aux prêches, et afin de fournir à l'entretien et à la construction de nouveaux temples, la vente des biens du clergé fut décrétée.

a laissé perdre et qui est entre les mains de la populasse (1),
au moyen de quoy led. lieutenant est prisonnier et luy faict
on son procès, dont possible on retrouve quelque verité cachée.
Le dict cappitaine Casavant estoit lors employé ailleurs, à ce
que j'entends.

Quant à ce qui touche la Basse Navarre, led. sʳ comte, lesd.
sieurs du Conseil et les depputés du pays tesmoigneront si j'ay
sollicité que l'idolatrie y feust abbattue et l'ennemi poursuivi.
Mais ceulx que led. sʳ comte y a envoyés pourront sçavoir
pourquoy ils s'en sont retournés de Sainct Palay sans aller plus
oultre et pourquoy ils ont faict brusler led. chasteau et ville
de Mauleon, au lieu d'y mectre une garnison, comme il feust
arresté au conseil, devant qu'ils y allassent (2). Je vous supplie
très humblement ne trouver mauvais si je ne vous en parle
plus particulierement, afin qu'il ne semble que j'en parle pour
mon interest, que chascun qui y a esté sçait bien dire n'estre
pas petit; mais moy, mes enfans et mes pupiles le sentiront
mieulx, mesmement en ce que m'estant à fau imputé par ceulx
du pays tout m'est universellement ennemy et touttesfois tout
mon estude a tendu au contraire, comme sçait led. sieur Comte;
mais ceulx qui fesoyent le voyage à regret ou voluntiers se
soucieront pas de ma ruine, comme ils n'ont pas eu esgard à
ce qu'ils ont bruslé le logis du Roy, soubz pretexte de vostre
service, contre l'intention dud. sieur Comte.

Or revenant à la Basse Navarre, Madame, il vous plaira
entendre qu'après le retour des trouppes qui y feurent, revinrent
les depputés du pays pour supplier led. sʳ Comte de recevoir
l'obeissance qu'ils avoient desjà offerte et venoient s'offrir, avec
intention d'estre ennemis des ennemys de Vostre Majesté. Sur

---

(1) Assibat de La Badie de Cassabant, dit le capitaine Casanabe, seigneur
de Cassabant en Lavedan et d'Espalungue en Ossau, avait été nommé par
Mongonmery gouverneur de Lourdes. Lestrem, son lieutenant, qui commandait
en son absence, rendit cette place sans presque s'être défendu. Arrêté et conduit
à Pau, Lestrem y fut pendu quelques jours après.

(2) De Luxe étant venu attaquer le capitaine Aramis qui commandait à
Mauléon, le vicomte de Moncla, Montamat et Lons vinrent au secours de ce
dernier. Les Basques furent repoussés et le château et la ville de Mauléon
incendiés par les protestants.

quoy, voyant led. s^r Comte qu'il ne pouvoit renvoyer gens sur
le lieu, partie pour ce qu'il voyoit le monde desirer autre roulte,
partie pour ne les pouvoir renvoyer sans vivres et munitions et
que il ne y avoit moyen de ce faire pour le peu qu'il y en a
en ces quartiers, partie aussy pour ce qu'on mettoit à l'avant
que cela empescheroit quelque autre meilleur et plus important
affaire, il a esté contrainct de faire chose qui ne vous plaira
du tout, ce que l'idolatrie ne sera point abbatue; car pour vous
dire verité, il n'est pas tous jours creu comme il desire, ne
pouvant commander absolument, et les plus grandes considerations, ou qui le semblent estre, vainquant les moindres (1). Ce qui
est accordé en somme est ce qui est porté par voste patente
jusques à vostre venue et soubz vostre bon plaisir, à la charge
touteffois que le ministere de la parolle de Dieu sera exercé
aux lieux accoustumés et autres du pays, que les ministres seront
tenus d'àller, sans avoir esgard au petit ou grand nombre des
auditeurs, et ce dans les temples, et que le peuple prendra en
sa garde tant les ministres que les auditeurs, pour garder que
personne ne leur mesface ; que le pays payera deux cens cinquante
hommes de garnizon, dont les cens seront, soubz la charge de
jeune La Lanne (2), à Sainct Jehan de Pied de Port; les autres
cens à Ostabat (3), soubz le cappitaine Larremendy; et les cinquante, avec trente autres à vos despens, à Garris, soubz Arbouet.
Le premier a l'estat de castelan (4) par provision ; le second,
de bailif d'Astabat, par demission qu'en a faicte Johanicot ;
le troisieme est continué en la charge de baillif de Mixe (5),
que vous lui avés baillé par commission, et le tout pour les
autoriser pour l'occasion presente et oster au peuple le pretexte

---

(1) Il importe, à la décharge de Mongonmery, de noter cet aveu du secrétaire
de Jeanne d'Albret.

(2) Marc de La Lanne, frère cadet de Jean, colonel de l'infanterie béarnaise;
Brantome le qualifie *de brave capitaine, et mestre de camp des troupes huguenotes.*

(3) Village du canton d'Iholdy (B.-P.).

(4) Capitaine châtelain. Son brevet fut signé par Mongonmery à Salies,
le 2 octobre suivant (Arch. des B.-P., B. 2152).

(5) Le châtelain de Saint-Jean Pied de Port, l'alcade d'Arberoue, les baillis
de Mixe et d'Ostabaret commandaient seuls la milice de Navarre ; ils étaient
en outre chargés de la police générale du royaume.

d'obeyr à ceulx qui l'estoyent auparavant, dont ils se sont
toutjours targués pour s'excuser. Ils ont aussi promis de favoriser
les garnizons contre l'ennemy; de soustenir l'auctorité de la
justice et de ne recevoir aucun de ceulx qui seront coupables en
icelle et quelques autres points qui regardent les finances et
la police. Que s'il ne s'en est allé autrement pour le regard
de la religion, je vous suplie très humblement de sursoyr la
condamnation ou des personnes ou de la procedure jusques à
ce que vous aurés entendu comme tout s'est passé et après avoir
fait verifier tout ce qu'on vous dira. Car j'ay trouvé icy le
contraire de beaucoup de choses qu'on vous a rapportés. Et ne
pensés pas, s'il vous plaist, que je parle pour moy, car encores
que je soye homme subject à failhir, comme je faulx plus que
ne veulx la semence de la regeneration, si ne veulx-je que en
ce qui sera à reprendre en moy et en pourra advenir à ung
bon serviteur, vous espargnés vos jugemens pour me punir.

Je poursuivray le reste en l'autre billet que j'ay fait pour eviter
volume (1).

———

Madame, Par ce que Sardan et La Chapelle vous auront dict
et porté par escript, estans tous deux partis depuis huict jours
l'ung après l'autre, il vous aura pleu entendre une bonne partie
de ce qui s'est passé par deçà, en public et en secret. A present
il vous plaira entendre que ayant, Monsr le Comte, ordonné les
garnisons de vostre present pays, à Navarrenx soubz Monsr
de Salles (2), à Olloron soubz Monsr de Lobie (3), à Pau
soubz Monsr de Lons (4), à Nay soubz le cappitaine Pocque-

---

(1) Ici se termine la première partie de cette longue dépêche. La seconde,
écrite comme la précédente sur une feuille de papier, haute de six centimètres
et large de seize, porte seule une date et une signature.

(2) Arnaud de Gachissans.

(3) Jacques d'Arros, seigneur de Louvie.

(4) Jean, seigneur et baron de Lons, successivement premier écuyer du roi de
Navarre, depuis Henri IV, gouverneur des vicomtés de Marsan, Tursan et
Gabardan (1577), chambellan ordinaire du roi de France (1591), colonel-général
de l'infanterie et grand-maître de l'artillerie de Navarre et Béarn (1592), enfin
conseiller d'État par lettres du 8 août 1603. — Jean de Lons, qui avait commencé

ròu (1), à Ortès soubz le cappitaine Brasselay (2), à Sorde soubz
le cappitaiñe Casanabe (3), à Rabastens soubz le cappitaine
Lurbe (4), à Tartas, soubz le cappitaine Cazalis (5); il faict son
compte de s'en rétourner, s'il peult faire quelque ouverture
au travers de l'ennemy, qui se fortifie tant qu'il peult pour
l'empescher (6). Après le partement duquel, il n'est point doubte
que ceulx qui sont encore restés de voz mauvais subjects ne
continuent de tourmenter ce païs et de tenir enserrer quelques
garnisons, leur restant bon nombre d'homme des environs et
estans en bonne esperance d'avoir Espaignolz pour tenir tout
en revolte, oster les vivres, surprendre quelque ville et faire
la guerre en toutes façons, qui me fait craindre et à d'autres
plus avisés qu'à moy, qu'il n'advienne quelque nouveau accident
par faulte qu'il ne demeure par deçà quelque bon chef qui eust

à servir à l'âge de quinze ans, obtint par lettres datées du camp devant Rouen,
le 17 mai 1592, l'érection en baronnie de sa terre et seigneurie de Lons. Après
avoir rappelé l'ancienne noblesse de cette maison, le Roi ajoute que ces nouveaux
titres et degré de chevalerie sont accordés à son cher et bien amé Jean, à cause
de sa grande *prouesse, hardiesse et vaillantise*. Le vieux baron mourut fort âgé,
en 1615, et fut enterré au temple de Lons. L'on voyait encore, au siècle dernier,
l'épitaphe suivante, gravée sur la pierre de marbre blanc qui recouvrait son
tombeau :

> Ci gist du Grand Henry le premier écuyer,
> Le Sire Jean de Lons, gentilhomme d'honneur,
> Père des bons soldats, favory du Dieu Mars ;
> Et si par pleurs on pouvoit son corps resusciter,
> Ses amis jusqu'alors ne feroient que pleurer.

(1) Jean du Bordiu, dit le capitaine Poqueron, seigneur d'Abère d'Asson et
sergent-major de la garnison de Navarrenx. — En 1570, il se trouva avec sa
compagnie à la prise et au sac de Tarbes.

(2) Fortic de Brassalay, seigneur de Biron, Betbeder, Hou, Claverie de
Loubieng et autres lieux. Il avait commandé une compagnie au siège de Navarrenx.

(3) Assibat de La Badie, dit le capitaine Cassanabe, précédemment gouverneur du château de Lourdes.

(4) Simon de Lurbe, frère de Gratien de Lurbe, dont on trouvera une lettre
quelques pages plus loin.

(5) Pierre Barre, *dit de Condom*, seigneur de Cazalis, près Hagetmau (*Hist.
de Béarn*, n. de M. Raymond, p. 292), frère ou fils de Jean Barre, licencié et
avocat au présidial de Condom, qui épousa, le 12 octobre 1545, Quitterie du
Fourc, fille de Pierre du Fourc, seigneur de Montastruc, et de Catherine de
Bassabat-de-Castét (Arch. du chât. de Saint-Blancard (Gers), fonds Montastruc).

(6) Mongonmery était alors à Salies, où il devait rester jusqu'au 5 du mois
suivant. Voir l'*Itinéraire de Mongonmery* à la fin du présent fascicule.

commandement, de par vous et Messeigneurs les Princes, depuis
la Garonne. D'autant d'ailleurs que si ceulx de qui vous vous
deffiez vous veulent nuire, ils en auront bonne commodité, ne
trouvant aucune resistance dans la campaigne et voyant vos
villes assés mal munies d'hommes pour ne s'en pouvoir trouver
de qui on se puisse fier. Par quoy je vous supplie très humblement
y pourvoir, ou par le moyen que je vous ay escript ou par quelque
autre ; car quant à moy je n'ay affection en cela que à ce qui
vous est propre et agreable, aymant autant l'ung que l'autre,
pourveu que vous soyés servie. Mais je n'ay peu me garder
de vous nommer Monsr de Touras (1) pour ce que, comme je vous
ay mandé, je luy ay veu affection à vostre service pour lequel
seul il est venu par deçà. J'ay veu qu'il est honnoré et respecté,
j'ay cogneu qu'il n'est despourveu de jugement et de prudence
et est abondant en cueur, et homme pie, quelque chose qu'on
dye et veoy à toutes heures l'experience de tout cela. Et ne
voulant rien desrobber à personne comme aussy je ne veulx
flatter personne (car je ne m'attends ni ne veulx avoir du bien
d'autre que de vous, s'il vous plaist m'en donner, il faut que
je dye du bien et du mal quand je l'advise, mais vous en ferez
selon vostre bon plaisir), tant y a qu'il vous y fault pourvoir
d'une façon ou d'aultre si vous voulés que Dieu soit servy par
deçà ; et comme je vous proteste devant Dieu, Madame, que
je n'en ay point parlé avec led. sieur de Touras, ny luy avec
moy de cela, je vous veulx aussi dire qu'il m'a particulierement
remonstré qu'il desireroit avoir le gouvernement de Roddès,
qu'avoit feu Monsr d'Arpajon (2) de vous, non pas pour autre
commodité qu'il en espere que de servir Dieu subverain aux
eglises qui sont en ce pays là et d'avoir occasion et moyen
de vous faire service et rellever vostre autorité en ce païs là,
en telle façon que vous ne vous repentirés de luy avoir donné
cette charge. Je vous supplie très humblement souvenir, Madame,
comme je vous en ay supplié desjà deux foys, qu'il vous plaise

(1) Marchastel-Thoiras, dont Mongonmery parle dans sa lettre du 11 septembre.

(2) Jean, baron d'Arpajon et de Sévérac, gouverneur du comté et de la
ville de Rodez, mort sans alliance en 1568.

luy donner led. gouvernement, car quand vous trouverés quelque
chose en luy à redire pour en faire ung homme parfaict, si vous
faut-il venir à vostre langaige ordinaire, qu'il vault mieux avoir
un cheval borgne que ung aveugle. Il m'a aussy dict que deux
gentilshommes sont allés impetrer du Roy de France les cappi-
taineries d'Antraygues et Laguïole (1), deux bonnes places par
le moyen desquelles ils nuisent grandement à l'eglise. Mais si
vous luy doñez cet estat, il les en denischera en vertu de vostre
autorité pour que ce soit vous à y pourveoir. Par quoy, Madame,
si vous trouvés bon qu'il travaille pour vostre service, il me
semble que, luy envoyant le pouvoir dud. gouvernement, vous
luy pourrez aussy mander qu'il vous nomme deux gentilshommes
pour lesd. places ou qu'il en y mette deux par provision.

Je vous ay mandé que Auciondo est mort et que toute vostre
chancellerie est à la Rochelle, au moyen de quoy toute la nostre
vacque, tant pour l'abondance des troubles que par faulte d'officiers, à quoi il vous plaira adviser, et jusqu'à ce, Madame,
que vous y remetiez quelqu'un et que s'il est possible il faut
qu'il soye de la langue, j'ay supplié led. sieur Comte de donner
une retenue de conseiller à ung nommé Larrondo, licencié ez
droits et bien versé en la praticque du parlement de Bourdeaulx,
duquel j'ay si bon tesmoignage que je vous supplie très humblement le trouver bon. Il y en a ung autre, en Soule, homme
de la religion et fort capable, qui vous pourroit servir, là ou en
Bearn, s'il vous plaist le retenir aussi et le tirer de là. Il est
vray que durant ces troubles on l'a faict aller à la messe, mais
ça esté par force une foys, mais je sçait qu'il craint Dieu.
Madame, le jeune La Lane est icy s'employant et voulant s'employer pour vostre service : esloignée de toute personne qui vous
est suspecte, vous adviserés s'il vous plairoit luy faire commandement de continuer et luy donner quelque appointement tant
que ces troubles dureront, pour après le mettre près de Monseigneur, estant ce me semble fort propre.

Tout vostre pays tient pour certain que vous estes mal contente

---

(1) Entraygues et Laguiole, gros bourgs du département de l'Aveyron,
arrondissement d'Espalion.

de vostre conseil de Bearn, à cause de quoy chacun prend telle licence de contourner la justice que, avec le desbordement que a amené la guerre, il est à craindre que lad. justice ne sera preste ci après. Je ne parle point des personnes des conseillers, mais je parle de vostre autorité et commandement juridique. A ceste cause, il semble qu'il soit très necessaire, ou que vous renouvelliés vostre conseil très promptement, ou que vous commandiés qu'ils soyent obeys en ce qui est de leur charge (1), attendant que vous serés par deçà pour punir les coulpables; autrement vostre pays sera en brigandage et confusion. Je vous dye encores, Madame, que je ne m'attache point aux personnes, ni par affection ni par passion.

Madame, si vous entendés que les garnisons soyent entretenues, sans lesquelles vos ennemis y rentreront (Dieu veuille qu'ils ne y rentrent en celle cy, estant prou faible), je me crains que pour ce qu'il ne s'y trouve argent promptement et qu'il fault payer le soldat ou laisser tout en desordre et danger, il se fauldra prendre pour ce commancement au reste de vostre buffet, sur quoy il vous plaira en mander vostre volonté. Attendant laquelle je prie Dieu vous donner très bonne et très heureuse vie.

Par vostre très humble et très obeissant serviteur,

ENECOT.

A Salies, ce XXIXe de septembre 1569.

1569. — SEPTEMBRE.

(Orig. — Bibl. nat., collect. Baluze, vol. 151.)

[M. DE SALLES A LA REINE DE NAVARRE.]

Madame, M'en alant pour vostre servise, je ay trobé Feyac, present pourteur, despeché vers Vostre Majesté, auquel ay prié

(1) « Pour entretenir à l'avenir le pays en la dévotion de la Roine et retenir « le peuple en devoir, l'exercice de la justice fut restabli au mesmes estat « qu'il estoit devant la venue de Tarride et les officiers qui avoient esté deposez « par luy remis, et ceux qu'il avoit faits desmis » (Bordenave, p. 285).

préndre la presante aveque quelque creause, lequel, Madame, je vous supplie très humblement voloir entandre et probeir en tout ainsi qu'il vous playra. Le discors de toutz les afayres de desà, Vostre Majesté l'antandera par luy.

Vostre très humble et obeissant subject et serviteur,

SALES (1).

1569. — SEPTEMBRE-OCTOBRE.

(Archives des Basses-Pyrénées, E. 340.)

[ROLE
DES BIENS SAISIS EN BÉARN PAR ORDRE DE JEANNE D'ALBRET.]

I.

Rolle deus beneficis per my, de Fenario (2), saisictz et deus personnages a quita lous beneficis son estactz accommandactz :

Lous monestes et coubens deus Jacopins et Frais predicados et de la compaignie de Saincte Fé et biens ausd. monestes et monges dequectz apertenens et toustz autes beneficis fondatz en la ville et bailiage de Morlaas (3), et aquetz accommandatz à Joan de Baset et Auger de Senac, juratz de lad. ville et chargatz de far vray inventari dequetz, et aquet nous reportar. Et los fructz deu priurat de Sente Fé et de Sent Andriu, ab las annexes, son accommandatz à maiste Francès de Los, de ladite ville.

La rectorie d'Abere, pres de Morlaas, ab toutz autes bees ecclesiastiques fondatz aud. loc, los quaus son accommandatz

---

(1) La nomination (septembre 1569) de M. de Salles comme gouverneur de Navarrenx, nous permet d'assigner à la lettre ci-dessus une date à peu près certaine.

(2) Bertrand de Fenario, commissaire général de Jeanne d'Albret, signataire de la lettre du 17 août 1569.

(3) En dehors du prieuré de Sainte-Foi, qui dépendait de l'abbaye de Cluny, la ville de Morlaas possédait encore un couvent de Jacobins et un autre de Cordeliers (*Diction. topog. du départ. des B.-P.*, par P. Raymond).

à Bernat de Labat, Johan de Champaigne, Gaichiot de Bouchelot, juratz, et Ramond deu Caillet, baile deud. loc.

La recttorie et bees ecclesiastiques deu loc de La Lonquere (1), accommandatz à Guilhem de La Grange, Bernad deu Faur et Guilhem de Larriu, juratz deu dit loc.

La rectorie deu loc de Balex (2), accommandade à Bernad de La Marque, Guaillard de La Borde, Arnaud de Guichener et Bernadon deu Sereler, juratz deud. loc, et Menjon de Lalaur, baile.

L'arciprestat deu loc de Anoge (3), ab toutz autes bees ecclesiastiques foudatz audit loc qui son en rolle à part, cotat de oeytante et ung et de lettres E, E, E, E, lo tout accommandat à Peyrot de Casanaue, Johannot de Lorme et Guaillart de Barafor, juratz, et Menyo deu Leo, baile deud. loc.

Plus la commanderie de Caubii (4), ab toutes sas rentes, qui son en ung rollo à part escriut, cotat de oeytante et deus et de lettras F, F, F, F, lo tout accommandat à Johan Bardou, deud. loc.

La routtourie deu loc de Luccarré, accommandada à Martin d'Andoins, deud. loc.

La routtourie deu loc de Momi, accommandada à Guillem de La Boyrie, Peyrot d'Arbus, Fortane de Pardillaa, Menjo deu Baile, juratz deud. loc.

La routtourie deu loc de Luc (5) et apertenenses dequere, accommandade à Johan Dereté et Guilhem de La Bernadie, juratz deud. loc.

La routtourie et toutz autes bees ecclesiastiques deu loc et temple de Bassilhon, accommandatz à Guilhemot de La Barte,

---

(1) Lalonquère, village de la commune de Maspie.
(2) Baleix, dans le canton de Montaner.
(3) Anoye, ancien archiprêtré du diocèse de Lescar, sis dans le canton de Lembeye.
(4) Caubin, canton d'Orthez, siège d'une commanderie de l'ordre de Malte, sous le titre de Caubin et Morlaas. Cette commanderie dépendait du grand prieuré de Toulouse.
(5) Lucarré, Momy et Luc, communes du canton de Lembeye. — Anoye, Baleix, Lalonquère, Luc, Luccarré et Momy étaient des membres de la commanderie de Caubin et Morlaas.

Jacmet deu Poey, Arnaud de La Barthe, juratz, et Peyrot de La Bernadie, ouvrer deud. loc.

La routtourie et biens ecclesiastiques deu locq et temple de Julhac (1), açcommandatz à Menauton de Labadie, jurat, et Auger deu Clos, guarde deud. loc.

La rectourie deu loc de Sansons (2), accommandade à Johan de La Lane, Johanot deu Poey, juratz deud. loc, et maiste Johan deu Faur, jurat de Lembege.

L'arciprestat et autres biens ecclesiastiques deu loc de Lembege (3), ainsiu que son escriutz en ung rollo à part, cotat de lettres J, J, J, J, accommandatz à Bernat deu Faur, jurat, Johan de La Correges, Guilhemet de La Forcade, Johan deu Moret, Johan de Larrey, deputatz de ladite ville.

Lou quart de desme dedicade à Sente Rose, au loc d'Arrosés (4), accommandat à Gratian de Correges, Johan de La Lane, Antoni de La Bruche, juratz, et Bertran de Correges dit Mane, baile deud. loc.

La rectourie de Moncla (5), accommandade à Peyrot de Trescens, Johanet de Perrerger et Peyroton de Benquet, juratz deud. loc.

La rectourie, prebendes et autres bees ecclesiastiques fondatz au loc et temple de Gan, ainxi que son descriutz aud. deux rollos, cotatz de letres E, E, E, accommandatz à Johan de La Barte et Bertram de Guilhem Fort, juratz, et à maistre Guilhem de Forgue, si deuant prebender en lad. ville, los quoaus bees son estatz expausatz en arrendamen et partie dequetz demoratz en darrere dite, ainsin que apar per lod. rollo, cotat de letres E, E, E, à las conditions escriutes en ung paper cotat E, E, E, et acte cotat D, D, et obligatz inscritz au procès verbal cotat de letre E, à la f. 43.

Los biens appertenens aux combens et monges, rector, caperan

---

(1) Juillac, village aujourd'hui réuni à la commune de Maspie, canton de Lembeye.

(2) Samsons, canton de Lembeye. Maspie et Samsons faisaient partie de la commanderie de Caubin et Morlaas.

(3) L'archiprêtré de Lembeye dépendait du diocèse de Lescar.

(4) Arrosés, canton de Lembeye.

(5) Moncla, canton de Garlin.

et prebendés de Luc (1), accommandatz à Bernard de Bonnefont et Gratian de Lostau, juratz.

La rectorie et bees ecclesiastiques fondatz au loc et temple de Mommats (2), acccommandatz à maiste Johan de Pargade et Johan de Lanaubin, deud. loc de Momm[ats].

L'abadie et toutz biens autres apertenens à l'abat et monges de la Reule (3), accommandatz ausd. de Pargade et Johan de Lanaubin.

La rectorie deu loc de Boilhon (4), accommandats à Peyrot deu Cucq, Guilhem de Roubii, Guilhem deu Prat et Peyroton deu Bruc, juratz deud. loc.

Las rectories deu loc d'Arros et Sente Vit (5), accommandades à Bertran et Peyroton de Salanabe, frays, deud. loc d'Arros.

La rectorie et toutz autes biens et rentes ecclesiastiques deu loc d'Asson (6), accommandades à Johan de Tolet et Johan deu Faur, juratz deud. loc.

La rectorie et autres bees ecclesiastiques fondatz au loc et temple de Bordes (7), accommandatz à Johan de Lassus, deud. loc de Bordes.

Lou priurat ab sas apartenenses et autres bees ecclesiastiques fondat en lo temple, loc et terrador d'Assat (8), ainxi que son estatz baillatz per deus inbentaris, l'ung cotat Q, Q, Q; l'autre R, R, R, accommandatz à Johannot deu Faur, Ramont de Fouchet, Jourdeu de Loibere, juratz deud. loc d'Assat.

Las rectories et autres bees ecclesiastiques fondatz [en lo] temple et ville de Nay (9) et bayliage de quere, ainxi que son escriutz ausd. rolles cotatz de lettres M, M, partie deus

---

(1) L'abbaye des Bénédictins de Lucq (canton de Monein) avait été fondée, au X⁰ siécle, par un comte de Gascogne. D'après la *Gallia Christ.*, Arnaud de Foix fut abbé de Lucq de 1556 à 1591.

(2) Momas, aujourd'hui commune du canton de Lescar.

(3) Larreule, canton d'Arzacq ; autre abbaye des Bénédictins, fondée au X⁰ siécle.

(4) Bouillon, commune du canton d'Arzacq.

(5) Arros et Saint-Abit, dans le canton de Nay.

(6) Asson, autre commune du canton de Nay.

(7) Bordes, canton de Clarac.

(8) Assat, canton de Pau-Est. Ce prieuré dépendait du diocèse de Lescar.

(9) Nay possédait encore un couvent de Récollets.

quoaus bees son estatz metutz en arrendamen et demoratz aux
personages et à las sommes aud. rolle mentionatz et comprés.

II.

*Rolle de las maisons saisides [per] my de Fenario, et deus gens
à quita las maisous estades accommandades :*

La maisou aperada de Sainct Johan out Joanolo de Gramond,
jurat de Morlaas, sole far son habitation aud. Morlaas et une
autre maisou apertenente aud. de Gramond, situade aussi en lad.
ville de Morlaas et toutz autres bees apertenens aud. de Gramond
son estatz accommandatz à Johan de Baset et Aug[é] de Senac,
juractz de lad. ville, los quaus son chargatz de far plus ample
inbentari deus bees deud. de Gramond et aquet me rep...

La maisou qui Pieres de Sebin, dict Tilabart, possed[e] en
lad. ville de Morlaas ab toutz soos au[tes] bees qui son accommandatz ausd. de Basetz et... Senac, et chargatz d'en far plus
ample inv[entari].

La maisou noble de Joanot, seigneur d'Abere (1), pres Morlaas,
ab toutes sas apertenences et dependenses, accommandade à
Bernad de Labat, Johan de Campagne, Gassiot de Bouguelot,
juratz, et Ramon deu Caillet, baile deud. loc.

La maisou noble et seigneurie de la Lonquere, appertenente
au seigneur de Peyre (2), ab toutes sas apertenences et dependenses, accommandade à Guillem de La Grange, Bernat deu
Faur et Guillem de Larriu, juratz deud. loc.

La maisou de Tibault d'Abadie, abat de Anöye, ab sas apartenenses, accommandade à Peyrot de Casanaue, Johannot de
Lorme et Guaillard de Baraille, juratz, et Mengo deu Leo, baile
deud. loc.

(1) Johanot de Cauna, seigneur d'Abère, tué à Navarrenx dans les rangs
de l'armée catholique. La seigneurie d'Abère, qui depuis passa dans une
branche de la maison de Béarn, fut érigée en baronnie en 1672.

(2) Henri de Navailles, seigneur de Peyre, Arbus, Lagos, Disse et Lalonquère,
établi gouverneur de la ville et du château de Pau par Terride.

La maisou de Johanot d'Asesun, deud. loc de Auoye, ab toutes sas appartenenses, accommande ausd. juratz et baile.

La maisou d'Odet de Casanaue, deud. loc, accommandade ausd. juratz et baile.

La maisou de Johanot de Casanaue, deud. loc, accommandade ausd. juratz et baile.

La maisou noble et abadie deu loc de Luccarré ab toutes sas appartenenses, accommandade à Martin d'Andoins deud. loc.

La maisou seigneuriale qui loo segnor de Bausé (1) tenibe et possedibe au loc d'Abos, en loo Bibbilh (2), ab toutes sas apartenenses, accommandade à Guillem et Pierris deu Clos, pay et fil.

La maisou de Peirelongue ab toutes sas apertenensas et los mobles descriutz au procès verbal f. is, et immobles descriutz en ung rollo à part, cotat oeytante et de letres D, D, D, D, accommandade à Guilhem et Pierris deu Clos, pay et fil, et à Peyrotoo de Martin, Bernat de La Terrade, juratz, et Peyroton d'Espaigne, guarde deud. loc.

La maisou et seignourie qui Bertran de Miossens (3) de Sansons possedibe ab las apartenenses, mobles et immobles denombratz audit procès verbal f. zi, accommandatz à Jehan de La Lane, Johannot deu Poey, juratz deud. loc, et maistre Johan deu Faur, jurat de Lembeye.

La maisou abassiale de Lespiele (4), accommandade à Johanete de Labadie de Lespiele, dame propriale de lad. maisou.

Los dretz seignoriaux qui loo segnor de Lusignet (5) possedibe au loc de Castihon, accommandatz aux juratz deud. loc.

---

(1) Bernard de Cassagnère, seigneur de Vauzé, Peyrelongue et Abos. Député à la cour par les catholiques de Béarn afin d'obtenir des secours du roi Charles IX, Vauzé, à son retour, et dès que Terride se fut acheminé vers la province, s'était emparé de la petite ville de Lembeye (Bordenave, p. 254 et 305).

(2) Le Vicbilh, nom d'un des dix-neuf parsans de Béarn.

(3) Bertrand de Miossens, seigneur de Samsons et de Gerderest, abbé laïque des Embarrats, lieutenant du baron de Navailles-Peyre, gouverneur de la ville de Pau. En 1570, le seigneur de Samsons obtint mainlevée de la saisie royale. Cette branche de Miossens, issue de la première race des barons de ce nom, se fondit à la fin du XVIIᵉ siècle dans la maison de Lons.

(4) Lespielle, canton de Lembeye.

(5) Lussagnet, canton de Lembeye. — François, seigneur de Lussagnet,

La maisou et seigneurie d'Aydie, dab sas apartenenses, qui loo defunt seigneur de Sente Colome (1) possedibe, accommandade à Peyrot de La Place, Menaut de Tortala, Benat de Forsat, Mengot deu Fauret, juratz, et Bertran de Labadie dit Lou Chalan, habitan deud. loc d'Aydie.

Loo dret de recrubi qui au seigneur de Sente Colume apertenibe, et la seigneurie de Moncla possedide per maiste Bernat de Forgues, marchant de Pau.

La seigneurie deud. Moncla, possedide per lod. de Forgues, ab tous autes bees qui lod. de Forgues possedibe aud. loc. de Moncla.

La maisou et abadie qui Arnaud d'Abadie (2), abat de Moncla possedibe, ab toutz autes soos bees, ainsin que deus bees deud. de Forgues et abat appar per ung rollo à part escriut, cotat de lettre K, toutz loos susd. bees accommandatz à Peyrot de Trescens, Johannet de Peuerger et Peyroton de Benquet, juratz deud. loc.

La maisou et apertenenses de maiste Geromin de Marqua (3), de Gan, ainxi que son en ung rollo à part escriut, cotat de lettres F, F, F, accommandade à Johan de Brun, de Gan, et Arnaudine Darrac, moillier deud. Marca.

---

figure dans le rôle des gentilshommes qui, en 1548, firent hommage devant Jacques de Foix, évêque de Lescar et lieutenant général en Béarn (Biblioth. nat., collect. Doat, vol. 273).

(1) Antoine de Montesquiou, seigneur d'Aydie, Sainte-Colomme et autres places, assassiné à Navarrenx. Voyez ci-dessus, p. 50.

(2) Noble Ramon Arnaud d'Abadie, père de noble Pierre d'Abadie, seigneur de l'abbaye laïque de Moncla, canton de Garlin, capitaine catholique, marié le 20 juin 1554 à Catherine de Serres. Dans la suite, cette famille embrassa le protestantisme et plusieurs de ses membres furent pasteurs de l'église de Pau (Biblioth. nat., pièces orig., vol. 1).

(3) Egrège Me Jérome, alias Hieromin, de Marca, successivement maître des requêtes ordinaires de Navarre et conseiller au conseil souverain de Béarn. Ardent catholique, il prit une part active aux guerres de religion. A la tête d'une compagnie d'argolets, il se joignit à l'armée de Terride et tint longtemps la campagne. Exilé pendant plusieurs années, il fut, le 3 mars 1581, nommé réformateur du domaine de Bigorre, vicomté de Nébouzan et autres seigneuries (Arch. des B.-P., E, 1263, 2131; B, 1015. — Biblioth. nat., collect. Baluze, vol. 121). — C'est à tort que M. P. Raymond (Hist. de Navarre) fait Hieromin père du célèbre Pierre de Marca; il n'est que son aïeul.

La maisou et apertenenses de Pierris Darrac (1), deud. Gan, accommandade aud. de Brun et Gratiane de Luger (2), may deud. Darrac, los quaus bees sont descriutz en uug rollo à part, cotat de letres J, J.

Las maisous de Bernad de Larquée, Arnaud d'Andouins, Brunet de Verguoghons, loo fil de Ramonet deu Morte, Johan Darrac dit Papagay, maiste Martin loo barbe, Bernad de Casaux, Peyrotet deu Jenguasse, loos toutz de Gan, et toutz lours autres bees, ensemble la maison que mossen Bernad de Larqué possedibe aud. loc de Gan, et quoate vignes et camp qui loo senhor de Sente Columbe abe aud. terrador, lou tout accommandat à Johan de La Barte et à Bertrand de Guilhem Bort, juratz deud. Gan, las quoaus quoate vignes et camp son estades metudes en arrendament, ainsin que per lo rollo à part escriut, cotat de lettres E, E, E.

La maisou et borde senhoriale qui lo senhor de Sente Columbe possedibe à la vallée d'Ossau et terrador de Sente Columbe et vilages de Louvier, Iseste et Arudi (3), bestia et autres mobles à luy apertenens, ainxi qu'apert per la procedure, cotade de letre A, accommandatz à Bertran de La Sale, abat d'Arudi, et à Arnaud de Domec, baile per si devant deud. loc de Sente Columbe, et despuis lesd. bees immobles expansatz en arrendament, et los mobles et bestia ventables, ainxi qu'apert per deus rolles d'une mediche tenor, cotatz de letre N, et autre rollo cotat de letre L, junt lo procès verbal cotat de letre E, et acte d'atestatiou, cotat de letre O, f. 3°.

La maisou et biens apertenens à Guilhem de Bergés et Johane de Gurs, sa moiller, deu loc de Luc, accommandatz à Bernad de Bonnefont et Gratiaa de Lostau, juratz deud. loc, fº 35.

La maisou et biens qui maiste Pierre Lafargue, juge d'Orthez, tenibe et possedibe en lod. loc de Morlana, accommandatz à Bertren de Veluxs, Arnaud Guilhem Destrem, juratz, Johan de

(1) Pierris Darrac était neveu d'Arnaudine Darrac, femme de Hieromin de Marca (Arch. des B.-P., E, 1263).

(2) Gratiane de Luger, veuve de Jean Darrac, ancien jurat de Gan, était sœur de Martin de Luger, syndic de Béarn.

(3) Louvie-Juzon et Izeste, communes du canton d'Arudy.

Castet, baile, Bernad de Baile et Pierris de Castetbert, guardes deud. loc.

La maisou et biens de Pierris de Veluxs, accommandatz aud. Bertran de Veluxs.

La dote et parcelle, bees et autres dretz qui Bernad de Baret, gendre et adventissy à la maisou de Mostro (1), tenibe et possedibe à la d. maisou de Mostro, à Morlana, accommandatz aud. Bertran de Veluxs et damoiselle Gratiana de Veluixs, deud. loc.

La maisou de mossen Domenges d'Arramon Gacie, retor de Sente Vit (2), accommandade à Bertran et Peyroton de Salanabe, frais, deu loc d'Arros.

La maisou, borde et boirie, ab las apparteneuses de quere, ainxi que son descriutes en ung rollo à part, cotat de letres S, S, apperade de Pique, qui lo capitaine Bonasse (3) tenibe et possedibe au terrador d'Assou (4), accommandade à Johan de Tolet, Johan deu Faur, juratz deud. loc.

La maisou et biens d'Anthoni de Cathaline, deudit loc d'Assou, accommandade aus dits de Tolet et deu Faur.

La maisou et biens de Johan d'Arabe, deudit loc d'Assou, accommandade ausditz de Tolet et deu Faur.

La maisou et biens de Guilhem de Guerlin, deudit loc d'Assou, accommandade aus dietz de Tolet et deu Four, losquaus bees deusditz de Catharine, d'Arrame et Guerlin son estatz baillatz per escriut audit rollo, cotat de lettres S, S.

La maisou et bees d'Anthoni qui (5)....... seigueur d'Abescat (6) tien et possedeis audit loc et terrador d'Assou, ainxi que son descriutz en ung rollo à part, cotat de letres XX, accommandatz ausdits de Tolet et deu Faur, juratz.

---

(1) Moustrou, fief sis dans la commune de Maspie-Lalonquère-Juillac (*Diction. topog. des B.-P.*).

(2) Saint-Abit, canton de Nay.

(3) François de Béarn, seigueur de Bonnasse, dont il est plusieurs fois question dans ce récit.

(4) Asson, canton de Nay.

(5) Lacune dans le manuscrit.

(6) Jacques d'Arros, fils aîné du baron d'Arros, lieutenant général en Béarn, épousa, le 21 juin 1571, Jeanne de Béarn, fille de Jean de Béarn, seigneur de Bescat et de Rébénac, canton d'Arudy, et de Françoise d'Espagne (Arch. des B.-P., E. 2003).

La maisou et biens qui lo senhor de Bordes (1) abe, tenibe et possedibe au loc et terrador de Bordes, comme son estatz baillatz per inscriut en ung rollo à part cotat de letres M, M, M, accommandatz à Johan de Lassus, deud. loc.

Los bees et dretz qui au senhor de Somelou (2) apertienen et expecten au dit loc de Bordes, com son escriutz audit rollo cotat de letres M, M, M, accommandatz audit de Lassus.

Los dretz qui au senhor d'Idrou (3) apertienen au dit loc et terrador de Bordes, accommandatz aud. de Lassus.

La maisou et biens qui mossen Bertran de Samadet tenibe et possedibe audit loc de Bordes, ainxi que son baillatz per inventari au rollo cotat de letres M, M, M, accommandatz au dit de Lassus.

La maisou et seinheurie de Sent Aubin d'Assat, dab toutes sas apertenenses qui sou estades baillades par rollo à part, cotat de letres O, O, O, que lo senhor d'Idrou tenibe et possedibe, accommandade à Johanot deu Faur, Ramonet de Foichet, Jourdan de Haoillere, juratz deud. loc d'Assat.

La maisou et apertenenses et autres biens de la Sale d'Assat, qui lo senhor de Candau (4) abe, tenibe et possedibe en lo dit loc d'Assat et loc de Nostin (5), ainxi qu'es estat baillat per rollo en inventari qui es à part, cotat de lettres S, S, S, accommandatz ausditz deu Faur, Foichet et de Haoillere.

Los bees et dretz qui los seignors de Somolou et de Lanusse an eu lo loc et terrador d'Assat qui son estatz baillatz per inventari à part, cotat de letres P, P, P, accommandatz ausdits de Faur, Foichet et de Haoillere.

___

(1) Jean, seigneur de Bordes, en Vicbilh ; en 1548, rendant hommage devant l'évêque de Lescar, il offrit de servir *de homi a pè, ab harquebuze* (Biblioth. nat., collect. Doat, vol. 334).

(2) Bernard, seigneur de Soumoulou, fief sis dans la commune d'Assat. En même temps que le seigneur de Bordes, il se présentait pour *serbir a chival, au meilor equipadge qui poeyra* (Biblioth. nation., *ibid.*).

(3) En 1548, Johan d'Idron, domenger, prête serment pour la seigneurie d'Ussau, en Vicbilh, et offre *far tout lo servicy qui de sa persone poeyra far* (Biblioth. nation, *ibid.*). — De son côté, Bordenave, p. 303, cite un chanoine de Lescar, du nom de Jean d'Idron, qui fut tué au siège de Tarbes.

(4) François de La Salle, seigneur de Candau, Placiis et Bellegarde, tué à Navarrenx.

(5) Nousty, canton de Pau.

La maisou et bien apartenens à mossen Ramont de Beaufor, caperaa d'Assat, ainxi que son inbentorisatz à l'inventari cotat de letres Q, Q, Q, accommandatz ausdits de Faur, Foichet et de Haoillere.

La maisou et biens de moussu Guilhem de Gerauta, caperaa d'Assat, ainxi que son inbentoriatz à l'inventari cotat de letres Q, Q, Q, accommandatz aus dits de Faur, Foichet et de Haoillere.

La maisou et biens qui Anthoni de Lanusse tenibe et possedibe au loc et terrador de Meillon, accommandatz à Johan de Bur et Frances de La Croutz, juratz deu dit loc.

Las rentes et dretz qui lo senhor de Somolou abe acostumat de prener en lo dit loc de Meilhon, accommandatz ausdits deu Bur et de La Croutz.

La maisou senhoriale et bees apartenens à mossen Johan d'Idron, accommandatz à Manaud Dinarcq, Guilhem de Neron, Guaillard de Hortassii, Peyroton deu Faur, juratz, Peyrot de Carrere, guarde, Peyrot de Lascacias et Bernard de Nasse, baile deudit loc d'Idron.

La maisou et biens appertenens à Estieux de Domec, audit loc d'Idron, accommandatz ausdits juratz, baile et guarde d'Idron.

La maisou abatiale de Domec de Sente Vit, ab toutes sas appartenences, accommandade à Arnaud de Bonnemaison, deu loc de Pardies, fᵒ 53.

Las maisous et biens de plusors rebelles de la ville de Nay, ainxi qu'appar par ung rolle à part escriut, cotat de letres L, L, accommandatz à maistre Arnaud du Four et Bernard de Montaud, juratz, et Jehan deu Fràixo, baile de la dite vile, partide des quoaus bees son estatz metutz en arrendament et demoratz en darrere dite aus personages, à las sommes et conditions qui en deus rollos à part de mediche tenor escriutz appar cotatz de letres M M.

La maisou senhoriale et appertenences de quere deu loc de Lussinhet, accommandade à Arnaudet de Clavere, Odet de Laborde et Johan de Payen, juratz, et Arnaud de Clavere, baile deu dit loc, et ab lor Johan Lussenet, habitant en la dite maison.

La maisou senhorialle et baronie de Jarderest (1), ab toutz los

_____

(1) Gerderest, canton de Lembeye, cinquième grande baronnie de Béarn, comprenait Monassut, Saint-Laurent et Audiracq.

autres bees apertenens à defunt Gabriel de Garderest (1), accommandade à Johan deü Clos, Menyo de Guaillard, Bernad de Maras, Micheu de Mayau, juratz, Frances deus Molias, baile deudit loc de Garderest.

La maisou et apertenenses de... Guillassot (2), et autres sous biens et causes, accommandatz ausdits juratz et baile.

La boirie et desme qui lo senhor de Somolo a et possedeis au dit loc de Garderest, accommandade aus dits jurats et baile.

La senhorie et apertenences de quere deu loc de Vedeilhe (3), crompade per lo seigneur d'Idron ab carte de graci deudit senhor de Garderest, accommandade à Bertran de Reingla et Johan de Matras, jurat et baile deudit loc.

La maisou, bees et causes de maistre Bernard de Poey de Busi (4), qui sole estar conselher de la Reyne, accommandade à Johan de Campanhes, jurat de Busi, et Anthoni de Casasus, prodrom deud. locq.

Et Monet de Daufin, procurador deu medix locq.

Las maisous de Rodger de Maluquer, Gui de Prechac, Johan d'Arros et Arnaud de Bonasse, Bertran de Piole, Arnaud de Casamayor, Johan deu Casso, Chanton deu Moli, Johan deu Poey, canonge de Sente Marie, accommandades à Johan de Campanhes, jurat de Busi, et Anthoni de Casasus, produm deudit loc, et Monet deu Daufin, procurador deu medix locq (5).

(1) Gabriel de Béarn, baron de Gerderest et de Pardaillan. Voir ci-dessus, p. 51.

(2) Sans doute Ramonet d'Ostabent, dit Guillassot, capitaine catholique, mentionné par l'historien Bordenave, p. 305.

(3) Bedeille, canton de Montaner; petite souveraineté qui, en 1789, était possédée par le roi de Prusse *(Diction. topog. des B.-P.).* — La plus grande partie des biens saisis sur Gabriel de Béarn, et notamment la baronnie de Gerderest et la petite principauté de Bedeille, furent donnés par Henri de Navarre à la maison d'Albret Miossens.

(4) Maeste Marty de Poey de Busy figure parmi les gentilshommes qui, en 1548, prêtèrent serment de fidélité entre les mains de l'évêque de Lescar (Biblioth. nat., collect. Doat, vol. 237).

(5) La transcription de cette curieuse pièce a été faite par M. Flourac, l'habile archiviste paléographe du département des Basses-Pyrénées.

1569. — 10 OCTOBRE.

(Orig. — Bibl. nat., collect. Baluze, vol. 151.)

[M. DE LURBE (1) A LA REINE DE NAVARRE.]

Madame, Il a pleu au feu Roy, vostre dit mary, de me doner la charge de vostre chasteau d'Orthès, lequel j'ay fidelement gardé jusques à la venue du courrier de M. de Terride auquel je l'ay rendu, accompagné de quatre hommes de ma compagnie, dans Navarrenx. Et estant arrivé, M. le comte de Mongonmery, vostre lieutenent general, m'a remis dans le dit chasteau avec ses letres patentes, auquel Vostre Majesté a depuis commandé par secret de ne remectre les capiteines qui avoyent legierement rendu les places, sans estre plus toutz esté ouys par V. M., suivant lequel commandement le dit sr comte a promeu le capiteine Brassalay de la garde dud. chasteau, jusques à ce qu'il aist entendeu vostre volonté, laquelle je desire aussy sçavoyr, vous asurant devant Dieu de mon innocence pour laquelle, Madame, vous presenteray ma teste pour en disposer à vostre dite volonté quand je ne seray trouvé fidelle serviteur en tout ce que j'ay peu. Et prie Dieu vous rendre tesmoinnage en vostre cueur, se que j'espere qu'il fera; et soubz telle esperance vous prye me voloyr remectre soubz la condition susdite. A tant je prie le dit Seigneur Dieu, Madame, en toute santé et prosperité vous tenir en sa garde.

Vostre très oubeissant subject et serviteur,
GRATIEN DE LURBE.

Du camp d'Hagetmau, ce x{e} d'octobre 1569.

(1) Gratien de Lurbe, dit le capitaine Gratian. Abandonné par ses soldats qui, à l'arrivée de Terride, avaient passé dans les rangs de l'armée catholique, Gratien de Lurbe avait été obligé de rendre le château d'Orthez, dont il avait la capitainerie.

1569. — 14 OCTOBRE.

(Orig. — Bibl. nat., collect. Baluze, vol. 151.)

[ENECOT DE SPONDE A LA REINE DE NAVARRE.]

Les dits depputés ont demandé le restablissement de vostre chancellerie et nommement le retour de Monsieur de La Motte (1), et pourtant led. s^r Comte a mis par provisions trois conseillers. L'ung est un nommé Larrondo, duquel je vous ay desià escript; l'autre est ung nommé Hiriart, qui est de Bayonne et officier de Monseigneur le Prince en l'admirauté; l'autre est le lieutenant de robbe longue que Monsr de La Ferriere avoit desposé à Mauleon, tous trois de la langue du pays, mais je ne sçay encores si les deux derniers vouldront accepter les charges, jusques à ce que aurés declaré si vous acceptés ce qui en a esté ordonné. Quant au premier il est prest à vous servir, car aussi est-il vostre subject naturel et ne demande pas mieulx que d'avoir moyen de servir Dieu et vous, et me l'ayant ainsi asseuré je ne le vous veulx cacher. Et, ainsy, Madame, il ne reste que en avoir ung aultre pour les avoir tous de la religion, je ne dis pas comme anges, c'est à dire sans infirmités, afin que vous n'estimez pas que je les place impecables, mais on ne sçauroit pour ce lieu là en trouver de plus propres, ayant esgard au païs et à la nation avec laquelle ils ont à comestre, et m'assure que ceulx qui en prendront la charge le feront pour avoir cest honneur d'estre à vostre service et non pour commodité ou plaisir que le lieu leur puisse porter. Au demourant, Madame, pour ce qu'il estoit besoing qu'il y eut quelqu'un de la Basse Navarre qui fist l'estat de recepveur, à cause que l'ung des premiers a notoirement deslogé et l'autre s'est absenté et ne s'est point presenté, la charge en a esté bailhée à Bernard Duhart, si vous le trouvés bon, par faulte d'autre plus propre, mais si vous n'en estes satisfaite il s'en desistera et pour ce ne fera poinct de grands exploits.

---

(1) Michel de La Motte, seigneur de la maison noble d'Aphat, d'abord conseiller, maître des requêtes et avocat général au conseil souverain et depuis vice-chancelier du royaume de Navarre.

Les estats aussy des cappitaines entretenus ont aussy esté declairés baccans, pour ce que les chefs seditieux de la Basse Navarre attroupoient le peuple par ce moyen ; et en a esté baillé ung à St Esteben (1) d'Arberoue, ung autre au cappitaine Larremandy, ung autre au jeune La Lanne et vouloit-on en bailler ung à Laxague (2), pour la mine qu'il a faict d'aymer vostre service, mais j'en ay dict ce que j'en cognoy et n'y a rien d'arresté. Au lieu du juge d'Orthés, a esté mis du Frexo (3), qui a esté à Navarrenx durant le siege. Voylà les choses plus principales, sauf que M. d'Arros s'est faict donner entretenement par mon dict s^r le Comte, qui en a ordonné deux cens livres par moys, de façon que la despence de guerre par moys vous reviendra à plus de dix mille livres, si les garnisons ne sont plus grandes que vous avés entendu par mes derniers billets.

Quant à moy, Madame je suis à pain querir, et ne vye que d'emprumpt. Vous adviserés, s'il vous plaist, me donner quelque moyen de nourir seize personnes que j'ay en ma famille, desquels les XIIII sont mere, femme et enfans à moy (4), sans mon petit train qu'il me fault allant par pays. S'il vous plaisoit commander que, attendant vostre venue, je perceusse les fruicts de ceulx

(1) Jehan, seigneur de Saint-Esteben, alcade d'Alberoue, est, dès 1569, qualifié capitaine entretenu au royaume de Navarre. Le 29 juin 1585, le Roi adressa des lettres patentes à son conseil de Pau, pour faire pourvoir Joan, sieur jeune de la salle de Saint-Esteben, de l'état d'alcade d'Arberoue et de la charge de capitaine entretenu en son royaume de Navarre dont jouissait noble Johan, sieur de la salle de Saint-Esteben, père dud. Joan jeune (Bibl. nat., cabinet des titres).

(2) Bernard, seigneur de Laxague, dont le père et l'aïeul avaient successivement rempli les fonctions de bailli royal du pays d'Ostabaret.

(3) Jean de Frexo, *alias* Fréchou, fils de Gratian de Fréchou, conseiller de Béarn, et de Philippe, bâtarde de Foix. Jean de Fréchou devint plus tard conseiller de Béarn et président au grand conseil. L'une de ses sœurs, Jeanne de Fréchou, avait épousé Jean de Gassion, d'abord procureur général, puis second président au conseil souverain de Béarn.

(4) Après la mort de sa mère, le prince de Navarre, appréciant et voulant reconnaître le grand dévouement de Sponde, l'appela au conseil souverain de Béarn. Ce vieux serviteur de la maison d'Albret mourut d'une façon tragique. En 1504, un parti de ligueurs, sous les ordres du capitaine du Lau, s'empara de Saint-Palais. Guidés par leur chef, les soldats pénétrèrent dans le logis de Sponde, le mirent à mort et incendièrent sa maison. Des onze enfants d'Enecot, cinq acquirent un certain renom : Jean de Sponde, l'aîné, né en 1557, se

qui sont de Soule et ont des biens en Bearn, je pourrois avoir quelque commodité de subvenir à mes necessités presentes. Et si vous estimés, Madame, que en ceste generosité il y ait de l'excès, je les prendray par recepte, à la charge de vous en rendre compte, vous suppliant très humblement me laisser icy pour ce que ma santé et les affaires particulieres que j'ay me pressent de m'y tenir et me donner loisir de les ranger si je puis aucunement,

Par vostre très humble et très obeissant serviteur,

ENECOT.

A Navarrenx, le XIIIIe d'octobre 1569.

1569. — 22 OCTOBRE.

(Orig. — Bibl. nat., collect. Baluze, vol. 151.)

[L'AMIRAL DE COLIGNY A LA REINE DE NAVARRE.]

Madame, Pour ce que despuis nostre despart vous n'avez point entendu de nouvelles de Monsieur vostre fils ny de toute ceste compaignye et que je ne doute point que Vostre Majesté ne desire bien en sçavoir (1), je n'ay voulu faillir de vous faire ce mot de lectre pour vous dire que mon dict sieur vostre fils s'est toujours fort bien porté jusques à ceste heure, graces à Dieu, comme aussi faict toute ceste dicte compaignie, vous advisant que nous pansions passer la riviere de Dordougne près d'icy;

convertit au catholicisme, devint conseiller du Roi, lieutenant-général en la Sénéchaussée de la Rochelle, et publia de nombreux ouvrages parmi lesquels une *Réponse au traité de Th. de Bèze*; — Pierre, capitaine au régiment de Charbonnières; — Salomon, conseiller du Roi en la chancellerie de Navarre; — Jean Jacques, avocat au conseil de Béarn, — et Henri de Sponde, filleul d'Henri IV et le continuateur des *Annales de Baronius*, mort évêque de Pamiers en 1643. M. Tamizey de Larroque a publié (*Revue de Gascogne*, année 1867) deux testaments de ce prélat, le premier à la date du 31 octobre 1634, le second à celle du 11 mai 1643.

(1) Après la défaite de Moncontour, l'armée protestante, commandée par Coligny, qui avait sous ses ordres les princes de Navarre et de Condé, s'était retirée dans le haut Languedoc. Les réformés s'y fortifièrent, attendant l'armée de Mongonmery et les secours demandés à leurs correligionnaires d'Allemagne et d'Angleterre.

mais les grandes pluyes et mauvais temps qu'il a faict ces jours
passés nous contraignent de l'aller passer plus haut, qui est près
d'un lieu appellé Argentat (1), combien que nous avons cherché
tous les moïens que nous avons peu pour la passer auprès d'icy,
mais il nous est impossible. Vous donnant advis au reste,
Madame, que j'ay fait sçavoir de noz nouvelles à Monsr le conte
de Montgommery (2), affin qu'il ne hazarde rien qui ne soit
en son advantage et qu'il nous face entendre quel besoing il
aura de nos forces et le lieu où nous luy pourrons envoyer
seurement de nostre cavalerye, affin qu'estant renforcé il cherche
tous les plus grands advantages qu'il pourra. Vous voulant
bien advertir qu'il a esté prins des lectres que Monsieur, frere
du Roy, escripvoit à Monsr le mareschal Dampville, qui sont
du xviie de ce moys, par lesquelles il luy mande qu'il essaye
et tente tous moïens pour combattre le dict sieur de Montgon-
mery, et que pour ce fayre il s'ayde des Espagnols qui sont
arrivez sur la frontiere. Par cela, Madame, il est aysé à juger
que nos ennemys ne craignent rien plus que nous joignons le dict
sieur de Montgommery. Et pour ce, Madame, que par icelles
lectres ledict sieur frere du Roy mandoit aud. sieur Dampville
qu'il a assiegé Sainct Jehan d'Angely, lequel il espere prendre
en peu de temps (3), et de là s'acheminer à Saintes et à Cognac
pour se saisir de ces passages là, il vous plaira de vostre part
tenir la main qu'il y soit pourveu le plus diligemment et
seurement qu'il se pourra et selon que la necessité le requerra,
estant bien besoing, pour l'importance dont nous sont les dictz
passages, qu'il y soit donné bon ordre promptement. J'en escris

---

(1) Argentac, chef-lieu de canton de la Corrèze, arrondissement de Tulle.

(2) Mongonmery entra à Eauze le mercredi avant le 22 octobre 1569, et
à Condom peu de jours après (*Commentaires*, t. V, p. 244). — Consulter *infrà*
notre *Itinéraire de Mongonmery en Gascogne*.

(3) La ville, défendue par Armand de Clermont, sieur de Pilles, et un
gentilhomme Béarnais (?) nommé Jean de Fargues, dit le capitaine La Mothe
Pujols, avait été en effet attaquée dès le 16 octobre. Ces deux capitaines surent
si bien organiser la défense que deux assauts livrés par l'armée royale restèrent
sans résultat. Ce ne fut qu'au bout de dix-huit jours, et lorsqu'ils se virent
sans espoir de secours, que Piles et Pujols consentirent à rendre la place.
On était alors au cœur de la mauvaise saison et l'armée royale fut forcée de
prendre ses quartiers d'hiver sans pouvoir rien entreprendre de nouveau.

pour ceste cause à Monsr le comte de La Rochefoucaut (1), affin qu'il s'y employe de sa part.

Je vous veux bien advertir, Madame, comme j'ay entendu que mez ennemys se vantent fort d'avoir beaucoup d'intelligences à La Rochelle, et pour ceste cause je vous supplie très humblement d'y faire prendre garde le mieux qu'il sera posssible. Au demeurant je ne veux omettre vous dire comme passant le sieur de Montbrun (2) avec tous ceux qui s'en sont allez de ceste armée, ilz ont esté chargez sur la queue par ceux de ces pays et y en a bien esté deffaict deux cens. Voilà ce que je vous diray pour ceste heure, sinon que je supplieray très humblement Vostre Majesté de commander que les lectres que j'escris à Monsieur le cardinal de Chastillon (3) luy soyent envoyées par la premiere voye, vous asseurant au surplus, Madame, que je mettray toute la peine que je pourray pour vous faire entendre de nos nouvelles le plus souvent que je pourray. Me recommandant en cest endroict très humblement à vostre bonne grace, priant le Createur vous donner, Madame, en très parfaicte santé, très heureuse et très longue vie.

Vostre très humble et très obeissant serviteur,
CHASTILLON.

A Sallignac (4), ce xxiie jour d'octobre 1569.

(1) François, comte de la Rochefoucauld, prince de Marsillac, chevalier de l'ordre du Roi, se signala au siège de Metz (1552), de Poitiers (1569) et aux batailles de Jarnac et de Moncontour. Il fut tué à la Saint-Barthélemy.

(2) Charles du Puy, seigneur de Montbrun, dit le *brave*, l'un des plus vaillants capitaines huguenots de son temps et chef des protestants dans le Dauphiné. Voir son histoire écrite par Guy Allard, intitulée : *Vie du brave Montbrun*. Grenoble, 1675, in-12.

(3) Odet de Chatillon, archevêque de Toulouse, évêque et comte de Beauvais, abbé de Saint-Bénigne de Dijon, nommé cardinal en 1535 par le papé Clément VII. Comme ses deux frères, Coligny et d'Andelot, le cardinal embrassa la réforme ; il épousa alors Elisabeth de Hauteville, dame de Loré, qu'il faisait appeler la comtesse de Beauvais ; à la cérémonie du mariage, il osa porter la robe de cardinal. Excommunié par le Pape, Odet de Chatillon passa en Angleterre où il rendit de grands services à son parti.

(4) Salignac, chef-lieu de canton de la Dordogne, à seize kilomètres de Sarlat.

1569. — 26 NOVEMBRE.

(Orig. — Bibl. nat., collect. Baluze, vol. 151.)

[MM. DE LUXE, DE DOMEZAIN (1) ET DE BONNASSE AU ROI CHARLES IX.]

Sire, Nous avons pryé Monsʳ d'Audaus (2) d'aller vers Vostre Majesté luy faire entendre au long et à la verité comme toutes choses se sont passées despuis le premier jour que nous entrasmes en Bearn jusques à la prinse de Monsieur de Terride dans Orthès,

(1) La maison de Domezain, l'une des plus anciennes de la Basse Navarre, descend d'Espagnol de Domezain, bienfaiteur de l'abbaye de Sordes, en 1120. Valentin de Domezain, chevalier, baron de Moneins, potestat de Soule, seigneur de Domezain, Caresse, Auterive, Beyries, Borenau, Arrue, Baradat et autres lieux, était fils de messire Jean de Domezain, seigneur desd. lieux, et de Catherine-Marguerite de Moncins. Son oncle maternel, Tristan, baron de Moneins, chevalier des ordres, sénéchal de Béarn, lieutenant du Roi au gouvernement de Guienne, avait été massacré en 1549 par la populace de Bordeaux; son beau-frère, Jean de Montréal d'Urtubie, lieutenant-général de l'artillerie en Guienne, sous les ordres de Monluc et de Burie, avait été tué d'un coup de canon au siège de Monségur: « c'estoit un vaillant gentilhomme et qui entendoit « bien l'estat de l'artillerie », ajoute Monluc (*Commentaires*, t. II, p. 21.) Fidèle à la religion de ses pères, Valentin de Domezain refusa l'un des premiers d'adopter et de suivre les errements de Jeanne d'Albret. Il s'allia alors avec les seigneurs de Luxe, d'Armendarits et d'Echaux, encouragés à la résistance par Charles IX; en sa qualité de bailli de Mixe, il réunit et commanda les milices de ce pays; ses services lui valurent le collier de l'ordre. Après la paix de 1570, la confiscation de ses biens ayant été maintenue, Domezain, mécontent de la cour de France, se retira à Bayonne où, ainsi qu'on le verra ci-après, il semble avoir été compromis dans un complot fomenté par les Espagnols. Il mourut sans laisser d'enfants de sa femme, Aimée de Bourbon-Lavedan, fille de Jean de Bourbon, vicomte de Lavedan, baron de Malauze et de Barbazan, qui avait été gouverneur de Jeanne d'Albret. Les grands biens des maisons de Domezain et et de Moneins, dont il était le dernier représentant mâle, passèrent alors dans la maison de Montréal.

(2) Armand de Gontaut, baron de Badefol, seigneur de Saint-Geniès, la Chapelle, Almenêches, Audaux et autres places, était fils de Jean de Gontaut, baron de Badefol, chevalier du Roi et son lieutenant en Périgord, et de Françoise d'Audaux, l'une des plus riches héritières du Béarn. Élevé à la cour de Navarre, Antoine de Bourbon le choisit pour son lieutenant en Béarn. A la mort de ce prince, ce fut d'Audaux qui, à la tête d'une petite troupe choisie, protégea le retour de Jeanne d'Albret dans ses États. Reconnaissante d'un si grand dévouement, la princesse le nomma sénéchal de Béarn et membre de son conseil privé; enfin elle obtint pour lui de Catherine de Médicis une charge de

comme celluy qui vous en peult tesmoigner mieulx que nul autre
pour avoir esté tousjours present en tout ce qui s'est faict, et
combien que nous nous asseurions que Vostre Majesté demeure
assés bien informée de quel zelle nous avions pris à la reduction
dud. pays soubz vostre protection et comme despuis avoir conduict
toutes choses heureusement jusques à la fin, nous avons esté
constraincts d'abandonner le tout par la venue de Mongomery,
suscité par les artifices du monde. Si vous supplions très humblement, Sire, de croire que pour toute la disgrace qui nous est
advenue nous n'avons oncques perdu cueur, ains demeurons en
meilleure volunté que jamais de mourir en ceste querelle et toutes
les autres qui toucheront vostre service, ainsy que nous avons
prié ledict sieur d'Audaus le vous dire de nostre part; lequel
vous fera aussy entendre, Sire, comme avec le peu de forces qui
nous estoient restées nous avons conservé la Basse Navarre soubz
la protection qu'elle avoyt receu de Vostre dicte Majesté. En quoy,
comme aussy en tout le reste, nous nous ferions trop grand tort
si nous vous celions, Sire, le bon debvoir que led. sr d'Audaus
y a faict, sans avoir espargné sa personne ny biens, lequel s'est
porté si bien et vertueusement, mesmes despuis nostre adversité
et auparavant durant le siege de Navarrenx, qu'il a bien monstré
par là n'avoir faulte d'experience ni d'affection à vostre service.
Aussi a-t-il esté traicté de mesmes en recompense par les ennemys
qui ne l'ont point espargné par feu ny saccagement en tout ce
qu'il avoyt en Béarn. Mais luy et nous pansons avoir ung si
bon maistre en vous, Sire, que si vous nous cognoissez capables

gentilhomme de la chambre; peu de jours après, il était nommé chevalier
de l'ordre du Roi. Jusques en 1568, d'Audaux se montra serviteur fidèle de
sa maîtresse; ce fut lui qui apaisa la première sédition d'Oloron. Mais la
princesse ayant décrété l'établissement dans ses États de la religion réformée,
d'Audaux prit alors parti contre elle et devint l'un des chefs du parti catholique.
Ses fonctions de sénéchal, qui lui furent continuées par Charles IX, le rendaient
tout puissant et il put ainsi faciliter la conquête de la province par Terride.
Un instant exilé, d'Audaux se réfugia en France où il fut capitaine d'une
compagnie de cinquante hommes d'armes des ordonnances du Roi, conseiller
et chambellan du duc d'Anjou. Après la mort de Jeanne, il fit sa soumission
et devint gouverneur et lieutenant général pour le roi de Navarre en son royaume
de Navarre et pays souverain de Béarn (1584). Il mourut, revêtu de ces
fonctions, en 1591.

de quelque recompense nous ne craignons de ne participper ung jour en vos liberalités, et ce pendant, Sire, affin que ce qui a esté commancé par deçà se puisse parachever et mectre le pauvre pays hors de la captivité en laquelle il demeure, nous vous supplions très humblement de ne vouloir espargner vos moïens et les nous despartir le plus promptement que faire ce pourra.

Et remectant le reste aud. sieur d'Audaus, nous suplions le Createur,

Sire, vous donner, en toute prosperité, très bonne et très contante vye.

Vos très humbles et très obeyssants subjects et serviteurs,

CHARLES DE LUSSE.
DOMESAING.
FRANÇOIS DE BEARN.

De Tardetz (1), ce xxvie de novembre 1569.

1569. — 26 NOVEMBRE.
(Orig. — Biblioth. nat., f. fr., vol. 15550, fo 165.)

[M. DE BONNASSE (2) AU ROI CHARLES IX.]

Sire, J'ay prié Monsieur d'Audaulx me faire se bien de vous faire entandre ce que j'ay faict et fais pour le servise de Vostre

---

(1) Tardets, arrondissement de Mauléon. Cette seigneurie appartenait alors à la maison de Luxe. — L'on trouve, même vol. 15550, fos 161 et 163, deux autres lettres signées des mêmes noms et écrites dans des termes identiques. La première est adressée à la reine Catherine de Médicis; la seconde, au duc d'Anjou.

(2) François de Béarn, seigneur de Bonnasse, dont il a été plusieurs fois question. — Au commencement de l'année 1570, Bonnasse, se défiant de ses alliés, passa d'abord dans la vallée d'Aspe et ensuite à Lourdes; s'unissant aux catholiques de la Bigorre, il se fortifia dans Tarbes. D'Arros et Montamat résolurent d'aller l'y attaquer. Ayant réuni leurs troupes, ils arrivèrent devant cette ville le 12 avril 1570 et commencèrent aussitôt à battre les murailles. Bonnasse résista courageusement, mais bientôt reconnaissant l'impossibilité de sauver la ville, il offrit de capituler. Les pourparlers prenant trop de temps et les assiégeants voyant une brèche ouverte, l'assaut fut donné en dépit des chefs et la ville prise en quelques heures. Dès les premières décharges, Bonnasse fut tué et avec lui bon nombre de capitaines catholiques.

Majesté à l'entreprinse de Bearn et les disgraces qui m'y sont advenues despuys l'arrivée du compte de Mongommery, vous asseurant, Syre, que sans m'advoir hosté la vye, je ne sçaurois advoir esté plus mal traicté, car j'ay perdeu quatre maysons qui m'ont esté bruslées et les villages d'icelles, meytairies et moullins, qui est cause que je suplye très humblement Vostre Majesté se voulloir souvenyr des services que j'ay faict aulx roys, voz predecesseurs et à Vostre Majesté et me vouloir entretenir le moyen de me tenyr en equipaige, comme ay accoustumé, pour l'employer en, vous fayzant très humbles services, et pour ce que n'ay maison là où je me puysse retirer avec ma famille, joinct que les maysons de mes subjects ont esté toutes bruslées et eulx la plus part tués, je vous supplye très humblement qu'il vous playze me donner le domaine de Nay, qui porte de rante cinq ou six centz livres, ou aultre chose telle qu'à Vostre Majesté plaira, et je continueray à faire très humblement service à Vostre Majesté comme toute ma vye, mes predecesseurs et moy, avons faict, priant le Createur,

Syre, vous donner en très bonne santé la grace de prosperer et toujours augmenter.

Vostre très humble et très obeyssant subject et serviteur,
Fnançois DE BEARN (1).

Escript à Tardetz, ce xxvie de novembre 1569.

---

(1) L'historien Bordenave, p. 294, nous donne la réponse de Charles IX à Bonnasse : « Au camp devant Saint Jehan d'Angeli, le 18 de décembre « 1569. — Monsieur de Bonasse, je vous feray particulièrement ce mot pour « vous dire que j'ay plus d'envie de vous gratifier que ne m'en sauriez requerir, « et encores que les affaires de Béarn ne soient pas de sorte que je puisse « aisément disposer de ce qui y est, neantmoins je trouve bon, attendant « que vous puissiez estre mieux pourveu et avec plus de seurté de la seigneurie « de Nay, que vous en jouissiez et mettiez en possession, attendant qu'avec les « moyens que Dieu m'a donnez je vous puisse rendre plus certain et paisible « sieur dudit lieu, comme aussy je feray à l'endroict de tous les autres « gentilshommes qui m'ont requis de leur faire du bien et les gratifier, y « estant la volonté telle qu'il ne reste que de bien executer. Et remettant le « tout sur le sieur d'Armendaris, asseurez vous qu'en tout ce qui se présentera « pour vostre bien et avancement je y tiendray tousjours la main de bien « fort bonne volonté pour vous en faire avoir le fruict que vous en pourriez

1569. — 28 DÉCEMBRE.

(Orig. — Bibl. nat., collect. Baluze, vol. 151.)

[L'AMIRAL DE COLIGNY A LA REINE DE NAVARRE.]

Madame, Je sçay bien le contantement que ce vous est d'entendre des nouvelles de ceste compaignie. Aussi je ne faulx pas à vous en faire sçavoir le plus souvent que je puis et ces jours passez mesmes, faisant une depesche à Angoulesme, je n'ay pas oublié à à vous en faire une et charger le porteur d'icelle d'aller, s'il estoit possible, la vous porter jusques à la Rochelle; et s'estant encore offerte la presente occasion, je n'ay pas voulu faillir de vous advertir, Madame, que Monsieur vostre filz est en très bonne santé, graces à Dieu, et toute ceste compaignie aussi, comme vous pourrez plus particulierement veoir par les lectres qu'il vous escript, et vous dire aussi comme depuis dix ou douze jours nous sommes en ce lieu où nous avions dressé ung pont de bateaulx sur la riviere de Garonne et desjà par trois ou quatre jours on avoit passé dessus, mesmes quelques trouppes de nostre cavallerie, tant de françois que de reistres. Et quoy qu'à cause des grandes et continuelles pluyes la dicte riviere fust tellement enflée que nostre pont eust beaucoup à souffrir, si est ce qu'il avoit tenu bon jusques à ce que renflant la dicte riviere d'heure à autre et à vue d'œil, elle est devenue si impetueuse que la nuict de jeudi dernier, sur les quatre heures du matin, elle rompit les cables et cordages d'ung des molins, que nous avions ung peu au dessus du dict pont, lequel fut porté et poulsé par telles violences contre icelluy qu'il le rompit et s'en alla tout aval l'eau (1). Touteffois nous avons commencé à remedier à cest inconvenient et y avons de telle sorte

« attendre. En cest endroict je prieray Dieu,e tc. » — « Par ceste lettre, continue
« le même auteur, apert que les compagnons de Bonasse avoient fait pareilles
« demandes au Roy, et que, pensans tenir le païs de Béarn comme en leurs
« mains, ils l'avoient partagé entre eux ».

(1) Ce ne fut pas seulement l'impétuosité des eaux qui rompit le pont. Monluc, qui disposait de trop peu de forces pour attaquer les ennemis, dont il connaissait les projets, avait cherché le moyen de s'opposer à leur réunion, en faisant rompre le pont établi par eux sur la Garonne. Un maître maçon proposa, comme seul moyen possible, de détacher l'un des moulins qui se trouvaient sur le bord

pourveu que je vous puis assurer que, avec l'aide de Dieu, nous aurons dans peu de jours si bien et seurement accommodé le passage que nous retirerons à nous non seullement noz trouppes qui estoient passées delà, mais aussi Monsr le Conte de Montgommery et toutes les siennes. Cela faict nous adviserons à ce que nous aurons à faire. Je ne fauldray d'advertir Vostre Majesté par seure voie. Au reste j'attends en bonne devotion des nouvelles de Vostre dicte Majesté et atans bien n'estre plus gueres sans en avoir par quelque voie que ce soit, ou par M. de Renty (1) ou par M. de Thelligny (2), lequel j'ay chargé de beaucoup de particularités pour vous faire entendre et serois bien marry qu'il n'eust moïen d'aller jusques à vous, tant pour cest effect que pour me rapporter de vos nouvelles. Et n'aiant, par ceste occasion, autre chose à vous dire, je presenteray en cest endroict mes très humbles recommandations à voz bonnes graces et prieray Dieu, Madame, vous donner avec augmentation des siennes, en toute prosperité, très longue et très heureuse vie.

Vostre très humble et très obeissant serviteur,
CHASTILLON.

Du port Sainte-Marie, le xxiiiie decembre 1569.

de la rivière; entraîné par son propre poids et par la force des eaux, ce moulin, en heurtant le pont, devait le briser, quelque solidement amarré qu'il fût. L'expédient ne fut pas adopté. Cependant, deux jours après, Monluc se voyant dans l'impossibilité d'agir différemment confia ce projet à trois personnes de la ville d'Agen et les chargea de l'exécuter. Ceux-ci se rendirent de nuit sur les bords de la Garonne et, aidés de quelques soldats, détachèrent un moulin qui porté par les eaux fut vivement entraîné vers le pont. Lorsque les sentinelles ennemies « commensarent à ouyr le bruit du molin, donnarent l'alarme, que incontinent « feust au Port, et tout le monde se jecta aux deux boutz du pont et commen- « sarent à tirer force harquebouzades au pauvre molin, lequel ne disoit mot, « mais il donna un tel chocq qu'il empourta tout le pont, cables, chaisnes et « batteaux, de sorte qu'il n'en y demeura qu'ung qui estoit attaché à la muraille « du logis de monsieur le prince de Navarre. Il alla des batteaux jusques à « Sainct-Macaire, et en y a qui m'ont dit qu'il en estoit allé jusques auprès de « Bourdeaux » (Commentaires, t. III, p. 376).

(1) Guillaume de Croy, marquis de Renty, mort en 1586.

(2) Charles, seigneur de Teligny en Rouergue, de Lierville et du Chastellier, gentilhomme ordinaire de la chambre du Roi et lieutenant de la compagnie de l'amiral, son beau-père. Il fut massacré avec ce dernier à la Saint-Barthélemy. Sa veuve, Louise de Coligny, se remaria en 1583 à Guillaume de Nassau, prince d'Orange.

Je ne sçay si ceste letre pourra parvenir jusques à Vostre Majesté, qui est cauze que je n'oze vous mander beaucoup de particularités que je ferois sans cela. Je vous diré que, graces à Dieu, tout ce porte bien icy. Monsieur le Mareschal Damville m'a envoyé son secretaire Viart pour m'exorter à la paix et pour m'offrir toutes les seuretés que je vouldrois demander et entre aultres me proposant le comté de Neufchastel. Je luy ayt faict responce que voyant un seur establissemant pour la religion en ce royaulme, j'accepterois toutes conditions, et feusse aux despens de ma vye. Je veoy bien que ce sont toutes tromperies, et mesmes La Vallette (1) publie par tout que la paix que le Roy nous veust donner, il la veust signer de la pointe de son espée.

———

1570. — 11 JANVIER.

(Copie. — Bibl. nat., cabinet des titres.)

[M. DE LOUVIE, GOUVERNEUR D'OLORON, A M. D'ESPALUNGUE.]

Monsieur mon cappitaine, Ce soyr bien tart, j'ay receu une lettre de Monsieur d'Arros, par laquelle il me demande que je vous face sçavoir qu'il est besoing que vous vous teniés prest avec le meilleur nombre d'hommes que pourrés metre ensemble, pour le moins autant qu'en aviés en Basque la derniere fois que nous y feusmes, et ce pour marcher là où il vous mandera sy tost qu'il aura responce de Monsr de Montamat par le capp^{ne} La Motte (2), qui est allé vers luy, et incontinant que mondit sieur d'Arros aura receu responce du sieur de Montamat il m'a mandé qu'il m'avertiroyt de ce qu'aurions à faire vous et moy, pour tous dus ensemble l'aler trouver là où il nous mandera.

---

(1) Jean de Nogaret, seigneur de La Valette, baron de Casaux et de Caumont, mestre de camp de la cavalerie légère, lieutenant-général au gouvernement de Guienne et père du fameux duc d'Épernon.

· (2) Jean de La Motte, de Bosdarros, capitaine du parsan de Pau (*Bordenave*, p. 194, n. de M. Raymond).

J'ay bien opinion que Dieu nous fera la grace de faire quelque chose de bon. C'est sur les Basques (1) qu'il veult entreprendre; toutesfoys il m'a mandé qu'il n'en failloit faire bruict et qu'il failloit faindre que cette assemblée ce fesoit pour ce deffendre des dits Basques et non pas pour les assaillir. Je suis bien marry contre les jurats d'Arudy, d'aultant qu'ils ont laissé aller ung homme d'Agen, nommé Barbut, qui est un fort mauvais homme. Je m'asseure bien que vous leur en dirés vostre opinion.

Je prie Dieu, Monsieur mon cappitaine, vous doint ses saintes graces, me recommandant de bien bon cueur à la vostre.

> Vostre affectionné et meilheur amy à vous servir,
> LOUBIE.

De Oleron, le xi janvier, à neuf heures du soir.

Mondit s^r d'Arros m'a mandé que vous fissiés entendre tout ce que dessus au capp^{ne} Casaban, auquel aussi je presente nos bien afectionés recommandations, sans oublier vostre frere.

1570. — 10 FÉVRIER.

(Copie. — Bibl. nat., cabinet des titres.)

[M. DE LOUVIE, GOUVERNEUR D'OLORON,
A M. D'ESPALUNGUE.]

Monsr mon cappitaine, J'ay envoyé vos lettres incontinant après les avoir receues à Monsr de Salles, pour les faire tenir à Messieurs d'Arros et Montemat, qui ont prins les chemins de la Basse Navarre; je croy qu'il leur fera tenir asseurement les dites lettres. Despuis que lesdits s^{rs} sont partis de ce lieu, je n'ay sceu de leurs nouvelles; je ne fauldray de vous en despartir

---

(1) En quittant le Béarn, Mongoumery en avait remis le gouvernement à MM. d'Arros et Montamat. La lutte n'était point finie, car malgré l'accord intervenu avec les députés basques, la Basse Navarre était en pleine révolte, excitée qu'elle était par les seigneurs de Luxe, d'Echaux, d'Armendaritz et Domezain.

de ce que viendra à ma cognoissance. Quant à l'entreprinse que me mandés, je vouldrois bien que vous et moy eussions le moyen de l'executer : mes d'aultant que la compagnie du capp^{ne} Aramitz (1) est allée avec les autres, j'ay bien peu de gens en ceste ville. Toutesfoys si vous cognoissés qu'il y aye moïen de povoir rien entreprendre, mandés le moy, car je m'y emploieray de tout ce que sera en ma puissance, qui sera pour fin après vous avoir presenté mes affectionnées recommandations, priant Dieu,

Monsieur mon cappitaine, vous doinct ce que vous desirés.

Vostre affectionné ami à vous servir,
LOUBIE.

De Oleron, ce x^e de febvrier.

1570. — 25 FÉVRIER.

(Orig. — Bibl. nat., collect. Baluze, vol. 151.)

[M. DE MONTAMAT A LA REINE DE NAVARRE.]

Madame, M. de Sus (2), près Navarrenx, m'a faict entendre le grand regret et desplaisir qu'il a d'avoir porté les armes contre vous ; recognoissant sa faulte, requerant vostre grace, il y a plus de trois mois qu'il s'est departy de la compagnie de vos ennemys et

---

(1) Pierre d'Aramitz, capitaine protestant, auquel le baron de Sénégas avait confié, en septembre 1569, le commandement du château de Mauléon, dont il venait de s'emparer. Aramitz l'abandonna quelques jours après aux catholiques commandés par Charles de Luxe (Menjoulet, *Chronique du pays et diocèse d'Oloron*, t. II).

(2) Antoine Gabriel de Sus, dont il a été déjà question et que certains historiens rangent à tort au nombre des capitaines catholiques tués à Navarrenx.

Antoine Gabriel de Sus appartenait à une très ancienne famille Béarnaise connue dès le XIIIe siècle. Plusieurs de ses ancêtres servirent leur pays avec éclat. — Son pardon obtenu, le capitaine Sus devint un des plus fidèles partisans de la reine de Navarre et du prince son fils, et *passa en réputation d'homme de guerre tous les gentilshommes de son pays*. On trouve le récit de quelques-uns de ses brillants faits d'armes dans l'*Histoire universelle* de d'Aubigné (Livre second, chap. X, p. 196) et dans l'*Histoire du maréchal de Matignon*, par de Caillière, pp. 240 et 241. Nommé gouverneur du château de Mauvezin, en

ne desireroit aujourd'huy que reparer sa faulte en vous faisant
service ou en ma compagnie ou au camp de Monsieur le Prince
vostre fils, et encores qu'il espere par une paix generalle rentrer
en sa maison, neanmoings il veut obtenir son pardon de vostre
grace especialle, sans s'aider d'autre moyen que de vostre bienfaict.
Je ne luy ai peu l'accorder ny la retirer sans sçavoir premierement
vostre volonté, laquelle vous prie bien humblement me faire
entandre par la premiere despeche. Je me fie, Madame, que vous
ne luy donniez reffus à sa requeste, tant pour l'amour de sa femme
qui a esté nourrie avec vous, de laquelle et des enfans il faut avoir
pithié que aussi pour estre le premier de ceulx qui vous ont offensé
qui prant le bon chemin et vous en demande mercy, outre qu'en
ce faisant vous affaiblissez tousjours vous ennemys. Je vous puis
asseurer qu'il m'a faict tenir telz langaiges qu'il n'y a poinct de
dissimulation en son faict et qu'il s'employera bien et à bon escient
à vostre service, Priant Dieu, Madame, qu'il vous doint en toute
prosperité, très longue et très heureuse vie.

Vostre très humble serviteur,

MONTAMAT.

De Sainct Sever, le xxve fevrier 1570.

Nébouzan, Sus s'empara en 1586 de la ville de Saint-Bertrand de Comminges.
Assiégé par l'évêque Urbain de Saint-Gelais, il ne se rendit qu'après un siège de
quarante-huit jours. Deux ans après, il se saisit de Solomiac et de Samatan ; on
le retrouve encore combattant à l'Isle-en-Jourdain et à Gimont.

Sus était marié depuis trois ans, au moment ou il sollicitait sa grâce. Sa jeune
femme, Jeanne de Montaut Bénac, était fille de Madeleine d'Andoins, dame
d'atours de la reine de Navarre ; il se trouvait ainsi le très proche allié de la
belle Corisande d'Andoins, belle-fille du comte de Gramont. De son mariage,
Antoine Gabriel eut trois fils : Philippe, Pierre et Jacques de Sus, morts ces deux
derniers sans postérité, et Suzanne de Sus qui épousa, le 13 juillet 1589, Pierre
de Navailles, seigneur de Mirepoix et autres places. — En 1667, Charles de
Sus, seigneur de Saint-Germain, fils et héritier de Philippe de Sus, avait procès
devant le parlement de Bordeaux avec Jeanne de Caumont, veuve de messire
Cirus de Montaut de Benac, marquis de Navailles. Charles de Sus réclamait
le paiement des droits successifs dûs à sa grand'mère paternelle Jeanne de
Montaut Benac (Arch. départ. de la Gironde : Arrêts du parlement).

1570. — 8 JUIN.

(Orig. — Bibl. nation., f. fr., vol. 15552, f° 13.)

[M. DE GRAMONT A LA REINE DE NAVARRE.]

Madame, Comme tout à jamays je vous ay reveré et ay eu une singuliere et particuliere devotion au service de Vostre Majesté, aussy ne veulx-je esperer ni pretandre bien ny advantaige que par le seul moien et puissance vostre, suivant en cella le commandement qu'il vous a pleu m'en faire avecques asseurance que vous ne m'oublierés point quant l'occazion se presenteroit (1). Voillà pourquoy, Madame, en ce temps incertain pour moy en toutes choses j'ay despeché le cappitaine La Taulade (2), presant porteur, vers Vostre Majesté, lequel je vous suplie très humblement vouloir entendre et croire en ce qu'il vous dira de ma part, me faisant ceste grace, par ce qu'il vous plaira disposer de moy, me donner argument libre et franc de pouvoir juger ou bien sy l'esperance et asseurance que j'ay tousjours eu en Vostre Majesté reussira, ou bien si Dieu m'aura faict ceste faveur qu'il vous plaize m'avoir en vostre recommandation ; protestant, Madame, que, quoy que ce en soit, je randray perpetuellement à Vostre Majesté la fidelle obeissance et servitude que je vous ay vouée et entierement observée. — L'estat des affaires de Vostre Majesté en ce païs, led. cappitaine La Taulade les vous fera entendre, s'il vous plaist de les sçavoir, quy me gardera d'en dire aultre chose à Vostre Majesté.

Madame, je suplie le Createur donner à Vostre Majesté, en parfaicte santé et entiere prosperité, très heureuse, bonne et longue vie.

Vostre très humble et très obeissant serviteur,

GRAMONT.

De Trie, le VIIIᵉ de juin 1570.

---

(1) M. de Gramont qui, par jalousie, manque de confiance ou tout autre motif, s'était tenu à l'écart pendant la campagne de Mongonmery en Béarn, craignant sans doute d'être compris dans les tièdes ou même les rebelles, avait pris le parti de passer de Bidache en Bigorre, où il possédait de grands biens. C'est de là qu'il écrivit la lettre ci-dessus à la reine de Navarre.

(2) Étienne de La Taulade, écuyer, seigneur dudit lieu, Casalon et Marque-

1570. — 26 juin.

(Orig. — Bibl. nation., collect. Baluze, vol. 151.)

[M. DE MONTAMAT A LA REINE DE NAVARRE.]

Madame, A peine avois-je achevé de vous escripre celle que ce pourteur vous baillera, quand j'ay receu vostre billet du xiiie du present mois, qui me gardera de discourir longuement par cestuy-cy, et me suffira de vous dire qu'après le service de Dieu j'ay le vostre en singuliere et unique recommandation, et vous supplie, Madame, me faire cest honneur et faveur de le croire et vous y asseurer. Nous attendons de jour en jour la venue de M. de Monluc qui nous menace fort (1). Il est à voir s'il sera si mauvais comme il dict. J'espere que Dieu nous fera la grace de lui metre en barbe gens qui ne sont pas deliberés de se laisser battre et espere que si nous avions cens sallades davantaige il auroit de quoy se louer d'estre venu en ce païs, de mesme que M. de Terride. Je ne sçay s'il aura changé de dessaing à cause du bruict qu'ils font de la perte de la bataille (2). Caussens et

bielle, qui, le 29 juin 1561, avait épousé à Bordeaux Jeanne Eyquem de Montaigne, fille du seigneur de Bussaguet et cousine du célèbre Michel de Montaigne.

(1) Monluc, qui avait reçu ordre de Charles IX d'envahir le Béarn, hésitait sur le point qu'il devait attaquer. Il était alors à Nogaro. « Là, dit-il, nous « entrasmes incontinent en conseil pour deliberer par quel moyen devions « commencer. Les uns dirent que je devois commencer par Sainct Sever, d'autres « disoient que je devois aller droict à Pau. Mon oppinion feust que je devois « aller commenser à Rabastens pour ce que commensant par là je mettrois « derrière moy tout le meilleur païs de Gascoigne pour les vivres; et d'autre « part que Rabastens estoit un chasteau le plus fort que fust en la puissance « de la Royne de Navarre et que si je le prenois par force, comme je voyois « qu'il falloit qu'il se print ainsi, car l'on estoit bien asseuré qu'ils ne se « rendroient pas légèrement, je voulois faire mettre tout au fil de l'épée, « m'asseurant que cela donneroit une si grande peur à tout le demeurant du « pays de Béarn, qu'il n'y auroit aucune place qui y ozast attendre le siège, « si ce n'estoit Navarrains » (Comment., t. V). Ce dernier projet prévalut : Monluc, on le sait, fut grièvement blessé à Rabastens.

(2) L'armée française, commandée par le maréchal de Cossé Gounor, et les protestants, ayant à leur tête Coligny, étaient depuis quelques jours en présence. La bataille eut lieu le 25 juin à Arnay le Duc, et, quoique la victoire resta indécise, les huguenots purent gagner l'Orléanais et pénétrer jusque dans l'Ile de France.

Gohas (1) sont estés commandés pour s'en aller et s'apprestent à leur grand regret, pour l'esperance qu'ils avoyent de courir sur vostre païs. — En attendant vostre commandement sur ce que je vous ay escript, je prieray Dieu, Madame, qui vous augmente en toute prosperité ses benedictions et graces.

Vostre très humble et obeyssant serviteur,
MONTAMAT.

De Pau, ce xxvie juin 1570.

1570. — 4 aout.

(Orig. — Bibl. nat., collect. Baluze, vol. 151).

[M. DE LA CAZE (1) A LA REINE DE NAVARRE.]

Madame, Vostre Majesté entendra sy amplement des nouvelles de ces quartiers de deçà par ce gentilhomme present porteur, que je ne l'ennuierai point de longs discours. Je me contanterai de vous randre certaine que sy tous ceux qui travaillent en ceste cause, ou pour le moins se disent travailler pour la religion, alloient si droit chemin, il se feroit de belles choses. Mais il y a tant de desordre par tout, que le temps que nous debvrions et voudrions employer à faire la guerre à noz ennemis nous sommes constrainctz de l'employer à rabiller entre les nostres ce qui est gasté. Je suis venu par deçà en temps assés troublé. J'y ay toutefois receu, au nom de Messeigneurs voz filz et nepveu, grand honneur et obeissance. Messieurs les viscomptes de Burniquel, de Reniez (3), de Marsoles et quelques autres m'ont tous

---

(1) Jean de Monlezun, seigneur de Caussens, et Jean de Biran, seigneur de Gohas, dont il est souvent question dans Vielleville, Brantome et d'Aubigné. Voir aussi sur ces deux capitaines l'ouvrage déjà cité : *Mémoires de Jean d'Antras*, publiés par MM. Tamizey de Larroque et J. de Carsalade.

(2) Pons de Pons, seigneur de La Caze, Marsan et Montgaillard, appelé *La Caze-Mirambeau*, venait d'être nommé gouverneur général du Languedoc pour les Princes.

(3) Antoine de Latour, seigneur de Reiniez, lieutenant de La Caze-Mirambeau, avait été nommé gouverneur de Castres le 10 juin 1570 (*Journal de Faurin*, sur les guerres de Castres). Tous les historiens ont raconté comment

jours fidelement assisté et m'ont aidé à composer beaucoup de discordes de pernicieuses consequences, de maniere que sy la guerre dure je me prometz que nous ferons de bons offices et servicès, avecques la grace de Dieu, à ceste cause. Nous attendons toutesfois, Madame, que Dieu mette fin heureuse à ces tempestes et les dernieres lectres que j'ay receues de mes dicts seigneurs nous en donnent bonnes esperances. Il faut attandre de la bonté de nostre Dieu ce qui nous est necessaire. Il le nous donnera mieux que nous ne luy sçaurions demander,

Madame, je supplie Sa Majesté vous conserver en toute prosperité, et heureuse et longue vie pour servir à sa gloire.

Vostre très humble et très obeissant serviteur et subject,

Pons DE PONS.

De Bazillac, près Montauban, ce 4e de aost (1570).

———

1570. — 29 AOUT.

(Orig. — Bibl. nation., collect. Baluze, vol. 151.)

[M. DE SALLES A LA REINE DE NAVARRE.]

Madame, Ayant veu se que vous a pleu nous escripre par celui qui le present pourteur vous dira, incontinant Monsr Darros et moy, en absance de Monsr de Montamat qui estoit vers le cuotier de Sent Sever, nous avons despeché le present pourteur par lequel fidelement pourrés estre avertie de tout ce qui est passé et se passe à present en ce cuotier, en atendant que les autres que avés mandé partent pour vous aler trober; et ce pendant je ne fauderay, comme je espere feront aussy toutz les autres à qui avés escript, fayre se que vous comandés, en

---

Reiniez fut sauvé du massacre de la Saint-Barthélemy par la générosité de son plus mortel ennemi, Jean de Vezin, seigneur del Rodier-Charri, lieutenant du marquis de Villars et sénéchal du Quercy. Voir notamment le récit de de Thou (*Hist.*, livre LII). Tallemant des Réaux a consacré une de ses *historiettes* au petit-fils de Reiniez.

atandent avoir se bien que de vous veoir par desà. Priant Dieu,
Madame, vous doner, en heureuse santé, bonne vye et longue.

Vostre très humble et très obeissant subjet et serviteur,
SALES.

De Navarrenx, se 29ᵉ aout 1570.

1570. — 30 AOUT.

(Autog. — Bibl. nat., f. Dupuy. Lett. d'Ant. de Bourbon
et de J. d'Albret, p. 304.)

[LA REINE DE NAVARRE AU ROI CHARLES IX.]

Monseigneur, Je ne vous sauroys exprimer l'aise et contentement
general qu'a aporté la publicasion de la paix qu'il a pleu à Dieu
et à vous, Monseigneur, nous donner (1), s'asurant chacun sur
vostre bonté, vertu et prudence que le fruict d'icelle nous augmen-
tera ceste extresme joye que chacun a et que l'union de tous vos
très humbles et très obeissants subjectz maintenue en pieté et
justice soubz l'authorité de vostre sceptre rendra le cours de vostre
regne heureux, long et prospere par la faveur de ce grand Roy des
Roys. Vous ayant dit, Monseigneur, le contentement d'un chacun,
je ne veus oublier le mien, lequel oultre ce qu'il est joint au
general m'est sy particullier pour une infinité d'occasions que je
n'en saurois avoir ung plus grand, auquel vous avés adjousté
beaucoup par l'assurance qu'il vous plaist me confirmer de vostre
bonne grasse et la fiance qu'il vous plaist avoir en ma fidellité, de
laquelle je vous jure et assure, Monseigneur, que vous ne serez
jamais frustré. Monsieur le Premier vous dira, Monseigneur, outre
ce que je vous en escris, ce qu'il a peu lire au visage de tous,
combien la saincte et tant desirée negociation a aporté d'allegresse.
Il vous dira aussi les particularités que luy ay prié vous faire
entendre qu'il m'a semblé estre du devoir du fidelle service que je
vous doibz, qui me fera vous suplier très humblement, Monsei-

(1) La paix avait été signée à Saint-Germain, le 11 de ce même mois d'août,
à des conditions inespérées par les huguenots.

gneur, le prandre de la mesme afection que je desire vous servir,
honorer et obeir. Et par se, Monseigneur, que je vous ay desjà
satisfaict par le s^r de Beaupin à ce qu'il m'avoit dict de vostre
part et que Monsr le Prince m'a confirmé, je ne vous en diray
davantaige, sinon qu'il vous plaise me faire cest honneur de croire
que vous n'avez subjecte et servante en tout vostre royaulme sur
qui vous ayés plus de puissance et qui n'a rien ni ne desire avoir
que pour l'employer à vostre service d'aussy bon cueur, comme
après avoir presenté nos très humbles recommandassions à vostre
bonne grasse, suplie le Seigneur vous augmenter les siennes en
longue et heureuze vie.

Vostre très humble et très obeissante tante et subjecte,
JEHANNE.

De La Rochelle, ce 30 d'aoust.

1570. — 12 septembre.

(Copie. — Bibl. nat., cabinet des titres.)

[MM. D'ARROS ET DE MONTAMAT
A M. D'ESPALUNGUE.]

Monsr d'Espalungue, Pour ce que la voulonté de la Royne est
que son pouvre païs de Bearn soit soulaicgé le plus que faire se
pourra et que les garnizons, qui de present y sont, soient conge-
diées tant que la paix qu'à pleu à Dieu nous envoyer durera, nous
avons advizé et arresté, suyvant l'intention de Sa dicte Majesté de
descharger led. pays desd. garnizons, afin de tant plus le soulaiger.
A ceste cause, nous avons voulu faire la presente (1) pour vous
dire et ordonner que, incontinant après que l'aurés receue, vous
concediés à tous voz soldatz de se retirer à leurs maisons pour y
faire leurs affaires en atandant la venue de S. M. qui recognoistra
les services que vous et eulx lui aurez faictz (2). Cependant vous

------

(1) Une lettre semblable fut adressée à tous les capitaines des parsans
de Béarn.

(2) Le 25 septembre 1571, la princesse adressait à M. d'Espalungue un
brevet ainsi conçu : « Jehanne, Royne de Navarre, dame souveraine de Bearn,
« etc.. Sçavoir faisons, que Nous aïant esgard aux bons, louables et recom-

garderez que vos d. soldatz ne fassent aucuns desordres en leur retirement, et nous asseurans qu'ainsi le ferés, ne vous en dirons rien plus, mais prierons le Createur vous donner, Monsr d'Espalungue, en santé ce que plus desirez.

Voz bons et affectionnez amys à vous obeir,

D'ARROS.   MONTAMAT.

A Pau, ce mardi 12e septembre 1570.

1570. — 24 DÉCEMBRE.

(Arch. départ. de la Gironde. — Reg. du Parlement, B. 38.)

LETTRES

PAR LESQUELLES LE ROY OTTROYE A CHARLES DE LUXE, CHEVALIER DE SON ORDRE, TOUS LES REVENUS DE LA TERRE DE MAULEON DE SOULLE POUR EN JOUYR LE TERME DE NEUF ANS CONSECUTIFS.

Charles, par la grace de Dieu, Roy de France, à noz amés et feaulx les gens de nostre cour de parlement de Bourdeaulx, genz de noz comptes à Paris et tresorier de France estably en la charge et generalité de Guyenne et chascuns d'eulx sy comme à luy appartiendra, salut et dilection : sçavoir faisons que nous, en consideration des bons, agreables et recommandables services que nostre amé et feal cousin, chevalier de nostre ordre, Charles, s^r de Luxe, nous a faictz de long tems, mesmes durant tous les troubles et guerres civiles, desirans les recognoistre et luy ayder à se rellever des pertes et ruynes qu'il a souffertes en ses maysons et autres biens durant et à cause desdicts troubles

« mandables services que nostre cher et bien amé Bertrand Despalungue,
« domenjer de Lobier Juzon, nostre mareschal des logis, a faict aux feuz
« Roys, noz très honorez seigneurs, pere et mary, à nous et à nostre très cher
« et très amé fils, et continue toujours, et desirans aucunement luy recognoistre
« ses d. services... Pour ces causes, avons à icelluy Despalungue donné et
« octroyé, donnons et octroyons, par ces presentes, la commanderie d'Aubertin,
« avec ses appartenances et dependances, à present vacante par la mort de
« feu Balthazar de Bourault, dernier possesseur d'icelle, pourveu que lad.
« commanderye soit en droit de lay, et qu'elle ne soit aucunement des biens
« ecclesiastiques ; si mandons etc... (Biblioth. nat., cabinet des titres).

et luy donner plus de moyen de continüer à nous faire service
et à·s'entretenir en iceluy; Pour ces causes et autres bonnes et
grandes considerations à ce nous mouvans, à iceluy avous donné,
octroyé et delaissé, donnous, octroyons et delaissons de nostre
grace specialle, par ces presentes, tout le revenu, prouffic et
emolumens de nos vicomté, terre et seigneurie de Mauleon de
Soulle, moulins dud. lieu, et de tout ce quy en depend, ainsy
qu'ils sont scitués et assis en nostre pays de Guyenne, pour
dud. revenu, prouffic et emolumens, à quelque somme, valeur
et estimation qu'ils soyent ou se puissent monter, en jouyr et
user par ses mains doresnavant durant le tems et terme de neuf
ans consecutifs, commençans du jour et datte des presentes, sans
qu'il luy soit besoing par chascun de cesd. neuf ans en avoir
ni recourir autre acquit ou mandement de nous que en cesd.
presentes, ne attendre que la partie soit aultrement couchée en
l'estat general de noz finances, ou que nos receveurs ordinaires
l'en puissent aucunement empescher ou entremettre durant led.
temps; à la charge touttefoys de payer les gages dud. receveur
et autres officiers, ensemble toutes autres charges ordinaires et
anciennes estans sur lesd. vicomté, terre et seigneurie de Mauleon,
lesquelles nous entendons estre prealablement acquitées, à la
charge aussy de bailler entre les mains de vous, nostre d. tresorier
de France, de trois ans en trois ans, ung estat sommaire au vray
du revenu de lad. vicomté, terre et seigneurie, pour la conservation de noz droictz en icelle; Si vous mandons et à chascun
de vous, si comme dict est, commettons et enjoignons que de
noz presents don, octroy et delaissement vous faictes souffrir
et laissez jouir et user led. sr de Luxe plainement et paisiblement,
faisant cesser tous troubles et empeschemens au contraire, en
contraignant à ce faire et souffrir nostre d. receveur ordinaire
et tous autres qui pour ce seront à constraindre, par toutes les
voyes deues et raysonnables, et lequel receveur neanmoings et
tous autres que besoing sera, en rapportant ces presentes que
nous avons auxdictes fins signées de nostre main ou vidimus
d'icelle faict par l'ung de noz amez et feaulx notaires secretaires,
ou soubz scel royal, avec recognoissance suffisante dud. sr de Luxe
de la jouyssance dud. vicomté, terre et seigneurie et des autres

droicts d'icelle par chascun an; durant led. tems nous voulons estre tenus quites et deschargés par vous, nos d. gens des comptes et par tout ailleurs où il appartiendra, car tel est nostre plaisir, nonobstant tous et quelconques noz edictz et ordonnances faictz sur la reunion et reformation de nostre domaine, deffence et renonciation des alienations d'iceluy, mesmes nos ordonnances faictes à Moulins en fevrier mil cinq cens soixante six et tous autres concernant le faict et reglement de nos finances et rapport d'icelles au coffre du Louvre, des autres lettres à ce contraires, à toutes lequelles et chascune d'icelles à cest effect tant seullement et sans prejudicier en autres choses nous avons derogé et derogeons et aux derogatoires des derogatoires y opposés.

Donné à Villers Costeretz, le xxiiii⁰ jour de decembre, l'an de grace mil vᶜ soixante dix et de nostre regne le unziesme.

Ainsin signés : CHARLES,

et plus bas, par le Roy, la Royne sa mere presente,

DE NEUFVILLE,

Et scellés de cire jaulne sur simple queue.

Enregistrées pour jouyr par led. sʳ de Luxe suivant la volonté du Roy,

A Bourdeaulx, en parlement, le septiesme juing 1571.

Ainsin signé : DE PONTAC.

———

Sur les lettres patentes du Roy donuées à Villers Costeretz le xxiiii⁰ jour de decembre mil vᶜ soixante dix, signées de sa main, plus bas par le Roy, la Royne sa mere presente, de Neufville, obtenues et presentées à la-chambre de la part de Messire Charles, sieur de Luxe, chevalier de l'ordre dud. seigneur, par lesquelles et pour les causes y contenues luy a donné, octroyé et delaissé tous les revenus, prouffics et emoluemens de ses vicomté, terre et seigneurie de Mouleon de Soulle, moulins dud. lieu et tout ce qui en depend, lesquels sont scitués et assis en son pays de Guyenne, pour dud. revenu, prouffic et esmoluemens, à quelque somme, valeur et astimation qu'ils soyent et se puissent monter, en jouyr et uzer par ses mains doresnavant durant le terme de neuf ans consecutifs, commençans du jour et datte desd. lettres, sans qu'il lui soit besoing par chascun desd. neuf ans en avoir ne reccourir aultre acquit ou mandement du dict Seigneur que les d. lettres, ne attendre que la partie soit autrement couchée en l'estat general de ses finances et que ses receveurs ordinaires s'en puissent aucunement empescher ou entremettre, à la charge touteffois de payer les gages dud. receveur et autres officiers, ensemble toutes autres charges ordinaires et anciennes estans sur lad. vicomté, terre et seigneurie de Mouleon, lesquels led. seigneur entend estre prealablement acquittées, à la charge aussy de bailler entre les mains du tresorier de France en Guyenne de trois en trois ans ung estat sommaire au vray du revenu de la d. vicomté, terre et seigneurie pour la conservation des droicts de Sad. Majesté en icelle, ainsi qu'il est contenu es dictes lettres; la requete presentée à lad. chambre par led. impetrant, tendant à fin de verification d'icelles; conclusions du procureur general dud. Seig^r auquel elles ont esté communiquées, et tout consideré:

La Chambre, attendu que les comptes de la recepte ordinaire dud. Mouleon ne se rendent en icelle et qu'elle ne peult avoir cognoissance tant de la consistance que valeur d'icelle, a ordonné et ordonne que led. impetrant se retirera en la cour de parlement de Bordeaulx si bon luy semble pour luy estre faict droict sur les d. lettres ainsin qu'elle advisera et verra estre à faire par taxation.

Faict le cinquiesme jour d'apvril l'an mil v^c soixante onze. Extraict des registres de la Chambre des Comptes:

Signé, DANES.

— ——

Extraict des trois estatz presentés par Me Jehan Diesses, receveur ordinaire des Lannes, et verifiés par Monsieur de Chazetes, tresorier de France en la charge de Guyenne, le premier datté du xxe jour de novembre mil v^c soixante cinq, pour l'année commençant le jour et feste Sainct Michel 1562 et finissant à semblable pour 1563; le second datté du mesme jour de decembre 1565, pour l'année commençant le jour et feste Sainct Michel 1563 et finissant à semblable pour 1564; le dernier datté du xve decembre aud. an 1565, pour l'année commençant le jour et feste Sainct Michel 1564 et finissant à semblable jour 1565.

Le domaine de Soule a esté affermé le jour et feste Sainct-Jehan Baptiste 1562, comme appert par ung roolle par le menu, signé des officiers du roy aud. pays de Soulle, pour la somme de deux mil neuf cens quatre vingt seize livres treize sols et six deniers tournois, dont recepte est faicte, en l'estat precedent, pour trois moys finis le dernier de septembre aud. an 1562, et la somme de VIIᶜ XLIX l. 3 s. 4 d. faisant le quart desd. IIᵐ IXᶜ XCVI l. XIII s. v d. et du reste qui est IIᵐ IIᶜ LXVII l. 10 s. 2 d. est en cy faict recepte pour neuf moys finis à la Sainct Jehan Baptiste, cy . . . . .
. . . .   IIᵐ IIᶜ XLVII l. 10 s. 2 d.

Plus est cy faict recepte de la somme de six cens quatre vingt cinq livres tournois faisant la quarte part de la somme de IIᵐ VIIᶜ XL livres tournois pour les moys de juillet, aoust et septembre 1563, à laquelle somme a esté affermé le domaine de Mauleon de Soulle pour une année à commencer le jour et feste Sainct Jehan Baptiste 1563 à pareil jour 1564, comme appert par le bailh afferme, cy. . . . .   VIᶜ IIIIˣˣ v l.

Le domaine de Soulle a esté affermé le jour et feste Sainct Jehan Baptiste 1563, comme appert par ung roolle par le menu, signé des officiers du roy aud. pays de Soulle, pour la somme de IIᵐ VIIᶜ XL liv. tourn., dont recepte est faicte en l'estat precedent pour troys moys finis le dernier de septembre 1563, de la somme de VIᶜ IIIIˣˣ v liv. tourn., faisant le quart desd. IIᵐ VIIᶜ XL liv. et du reste qui est IIᵐ LV liv. tourn., en est cy faict recepte pour neuf moys finis à la Sainct Jehan Baptiste 1564, cy. .   IIᵐ LV liv. tˢ·

Plus est cy faict recepte de la somme de VIᵐ XXXIII liv. tourn. faisant la quarte partie de la somme de IIᵐ Vᶜ XXXII liv. tˢ pour les moys de juillet, aoust et septembre 1564, à laquelle somme a esté affermé led. domaine de Soulle pour une année à commencer le jour et feste Sainct Jehan Baptiste 1564 et finissant à pareil jour 1565, comme appert par le bailh et afferme, cy. . . . .
. . . .   VIᶜ XXX III liv. tˢ·

Le domaine d. Soule a esté affermé le jour et feste Sainct Jehan Baptiste 1564, comme appert par ung roolle par le menu, signé des officiers du roy aud. Soulle, pour la somme de II^m V^c XXXII liv. t^s, d'où recepte est faicte en l'estat precedent pour troys mois finis le dernier de septembre aud. an 1564 de la somme de VI^c XXXIII liv. t^s, faisant le quart desd. II^m V^c XXXII liv. t^s de reste qui est XVIII^c IIII^xx XIX liv. t^s, en est cy faict recepte pour neuf moys finis à la Sainct Jehan Baptiste 1565, cy. . . . . XVIII^c IIII^xx XIX l. t^s·

Plus est cy faict recepte de la somme de cinq cens soixante quinze livres seize solz deux deniers tournois faisant la quarte partie de la somme de deux mil trois cens trois livres quatre sols sept deniers tournois pour les moys de juillet, aoust et septembre 1565 à laquelle somme a esté affermé led. domaine de Soulle pour une année commençant le jour et feste de Sainct Jehan Baptiste 1565 et finissant à pareil jour 1566, comme appert par le bail afferme, cy. . . . . V^c LXXV l. XVI s. II d.

Charges pour chascun an sur le dict domaine.

Au procureur du Roy de Soule, la somme de . . . . . . LX l.

Au cappitaine de Mauleon . . . . c l.

A Me Jehan de Johanna, lieutenant en robe longue en lad. vicomté de Soule, la somme de . . . . II^c l.

A Jehan de Belsunce (1), escuyer, cappitaine et gouverneur du pays et vicomté de Soulle, pour la pension que le Roy luy accorde chascun an, la somme de mil livres t^s, cy . . . . . M l.

Frais de justice, ouvrage et reparations selon la necessité et ordonnances sur ce des officiers dud. Soule (2). . . . . . . »   »

Collationné par moy, notaire et secretaire du roy.

Ainsin signé : DE CURSOL.

---

(1) Jean de Belsunce, vicomte de Macaye, neveu par sa mère de Charles de Luxe.

(2) D'après les évaluations ci-dessus, on peut conclure que le domaine dit de Mauléon rapportait au Roi une moyenne annuelle de 2,500 livres. En

Extraict des registres de la recepte des fermiers, pour le domaine de Mauleon de Soule.

Le greffe de Mauleon.

Les amandes procedans des crimes qui sont au dessus de LX s.

La vigne qui est auprès du chateau.

Les moutons arraris.

Les admandes des blessures, des boys et padouens et bris d'arrest.

Le peage et amandes de ceux qui fauldront de Lissaba.

Les brebis et ouailles pasteres.

Les moulins et battans de la ville de Mauleon (1).

Les moulins de Idaulx.

Le paisson (2) et herbage d'Arretzu.

Le paisson et herbage de la forest de Lambarre.

Le paisson de la forest de Lhibarn.

Le fief de froment et argent du quartier de Soule-Soubiran (3).

Les fiefs du milhet dud. quartier.

Les fiefs de poulaille (4) dud. quartier.

Les fiefs d'avoyne dud. quartier.

Les fiefs de poumade (5) dud. quartier.

Les fiefs de froment et argent du quartier de Larbaille.

Le fief du milhet dud. quartier.

Les fiefs de poulaille dud. quartier de Lharbaille.

Les fiefs d'avoyne dud. quartier.

Les fiefs de poumade dud. quartier.

Les fiefs de froment et argent du quartier de la Barhoue.

retranchant de cette somme le total des charges, y compris *les frais de justice et réparations*, M. de Luxe se trouvait être gratifié d'une somme nette de mille livres par an, soit dix mille francs de notre monnaie.

(1) Suivant le terrier de la Soule, dressé en 1515, le Roi possédait trois moulins : le premier, à Mauléon ; le second, à Idaux ; le troisième, à Alçabehety. Il était également propriétaire des forêts de Libarren et de Lembarre.

(2) Le pacage...

(3) La vicomté de Soule se partageait en trois messageries : 1° *Soule-Souverain;* 2° *la Barhoue;* 3° *les Arbailles.*

(4) Volaille...

(5) Sorte de boisson faite avec des pommes.

Les fiefs de milhet dud. quartier.

Les fiefs de poulaille dud. quartier.

Les fiefs d'avoyne d'iceluy quartier.

Les fiefs de poumade dud. quartier.

Les fiefs de Barcus et Desquiole.

Le bailiage de Soule-Soubiran.

Le bailiage de la Barhoue.

Le bailiage de Barrenx.

Le bailiage de Villeneufve.

Le bailiage Dordenx.

La messagerie de Soule-Soubiran.

La messagerie de Larbaille.

La messagerie de la Barhoue.

Les lots et vantes appelés capsols.

Les fiefs de la ville de Mauleon.

Les entrées et yssues des maisons pastéres.

Le droict appartenant au Roy en la fourche de Meudy.

Les registres des notaires qui mourront.

Expedié par extraict des registres du domayne, le xxixᵉ may mil cᶜ soixante unze.

Ainsin signé : DE GOURGUES.

1571. — 7 MARS.

(Impr. — *Archives Historiques de la Gironde*, t. IV, p. 171) (1).

[INSTRUCTIONS

DONNÉES PAR JEANNE D'ALBRET A SON LIEUTENANT GÉNÉRAL EN BÉARN.]

Memoires et instructions que la Royne a données au seigneur de Roques (2), l'ung des conseillers et maistre d'hostel, pour, avecques le seigneur d'Arros, son lieutenant general tant en son royaulme

---

(1) Communiqué aux *Archives Historiques de la Gironde* par M. J. de Bourrousse de Lafforre.

(2) Jean de Secondat, écuyer, seigneur de Roques, Serignac, Montesquieu, La Fleyte et autres places. Nourri et élevé à la cour du roi Antoine, Jean

que pays souverayn de Bearn, les fere bien particulierement entendre à tous ses bons et fidelles subjectz des troys estats de son royaulme, de la part de Sa Majesté:

Premierement, après avoir soubz son commandement, volunté et authorité faict assembler ses fidelles subjectz, au nom desquels le desadveu a esté arresté et envoyé contre aulcuns siens subjectz rebelles, leur declaireront franchement le contentement grand et playsir incroyable qu'elle a, non sans grande rayson, prins en la fidelle obeissance que tous ses bons et naturels subjectz luy ont monstrée de leur mouvement propre par ledit desadveu, car encore que par cy devant elle ait assez cogneu leur bonne volonté, si est ce que ce desadveu fait par ses dits fidelles' subjects luy en donne ung tel tesmonaitge, qu'elle n'en peut par cy après doubter. Ainsin donc comme de leur part ils ont saiggement sepparé la rebellion manifeste de quelques ungs de son estat d'avec la fidelle obeissance du principal corps d'icelluy, que de sa part elle sçaura très bien se declavier à leur exemple, autant severe à chastier ceux qui vouldront continuer en leur malice et infidelité, que liberalle et favorable à l'endroit de ses bons subjectz.

Et pour, leur donnant tesmonaitge de ceste bonne volunté, satisfere à toutes leurs plaintes autant que l'equité, la rayson et la pieté le pourront requerir, elle a, en leur seule faveur, deliberé et resoleu de fere en sa presence tenir ses Estats generaulx dedans le moys de juillet prochaynement venant.

Mais pour ne rien changer, que par conseil et bon advis, du reglement et ordonnances faictes tant par le seigneur d'Arros que gens de son conseilh touchant le faict de la religion, Sa Majesté veult et entend que les reglemens et ordonnances sur ce faictes soient, sans failhir et de poinct en poinct, gardées et observées jusques auxd. estats où elle spere, par la grace de Dieu, tellement

de Secondat avait été pourvu, le 25 juillet 1555, d'une charge de maître-d'hôtel ordinaire de la maison de Navarre. Pendant près de cinquante ans, il resta au service de cette couronne et fut employé dans les plus importantes affaires. Successivement conseiller du Roi, trésorier général des finances en Guyenne, président en la chambre des comptes de Nérac, il mourut en 1599 gouverneur des châteaux de Nérac, Rions et Auvillars. Pour le récompenser de ses longs et fidèles services, Jeanne d'Albret lui fit don, en 1572, d'une somme de dix mille livres destinée au paiement de la terre de Montesquieu.

gouverner et regler toutes choses qu'aulcun n'aura juste occasion
de se faire plaindre : n'entendant cependant qu'aulcun soit forcé
ny constrainct pour le faict de la conscience, ou que quelcun soit
empesché de fere ez lieux publiques et à ce destinés enterrer ceulx
qui seront mortz, de quelque qualité, religion et dignité qu'ils
soyent.

Et pour monstrer au doigt à tous ses bons et fidelles subjectz
l'asseurance qu'elle a en leur fidelité, laquelle elle estime estre
non sans grande rayson le seul rempart, le salut et deffense, après
la volonté de son Dieu, authorité de son sceptre et de sa couronne,
elle a reduict par l'advis de leurs depputez toute la force extraor-
dinaire de son royaulme à dix hargoulets seullement (1), qui
seront commandés, aux gaiges de la dicte dame, par le jeune
Arbost (2), pour tenir la main forte aux decretz de justice, à la
charge que ses estatz, lorsqu'ilz seront teneuz, auront, suyvant
l'advis et l'office de leurs depputez, esgard à la despence qu'à ceste
occasion fera lad. dame.

Que Sa Majesté dès longtemps se feut sans doubte acheminée
pour aller dans ses pays souverains pour respondre en presence et
avecq plus de dignité, de faveur et bonté aux plaintes de ses bons
subjectz, si la importunité d'aucuns rebelles ne l'eust forcée et
empechée de demeurer à La Rochelle pour rompre avecq plus de
moyen les pratiques et les menées qu'ils font de jour en jour voire
de plus en plus contre elle, lesquels enfin se trouveront aultant
trompés et esloignez de l'esperance qu'ilz ont eus de travailher
lad. dame, qu'ils ont esté mal avisés, rebelles et seditieux de le
songer et entreprendre, come ils voirront en peu de jours, si come
leur debvoir requiert ilz ne recognoissent leurs faultes et ne
s'asubjectissent au vouloir de lad. dame, ainsin que tous ses
aultres bons, loyaulx et naturels subjectz, et pour dependre par cy
après de sa seulle volonté et authorité. Finallement, prierons lesd.
estats de continuer et d'accroytre leur bonne et franche volonté

(1) « Les compagnies béarnoises furent cassées et les estrangères licenciées,
« qui se retirèrent à Saint Sevé, en Gascongne, où elles furent délivrées par
« Montamat au sieur de Lau, pour les conduire jusques à leur retraite »
(Bordenave, p. 310).
(2) Savary d'Aure, baron de Larboust.

tant au bien de lad. dame que le repos de son estat, tenans et jugeans pour rebelles ceux qu'ils ont par leur desadveu condempnés justement, jusques à ce qu'ils ayent recogneu la faulte qu'ils font de non séullement se bander contre leur Royne et Souverayne princesse, mais d'avoir bien osé couvrir, par une faulceté insigne, leur ouine et leur rebellion du nom et de l'authorité de ses subjectz, pays et estatz, ce que faysant ladite dame se monstrera en leur endroict aultant benigne et favorable que son debvoir et leur nécesssité le peult et le doibt requerir.

Fait en son conseilh privé, teneu à la Rochelle le 7e jour de mars mil cinq cens soixante onze.

JEHANNE.

Et plus bas :

PELLETIER (1).

(1) « Extrait et collationné à son original par moy Jehan Bordes, notaire « royal de la ville de Trye, soubsigné, le doutziesme jour du moys d'apvril « mil cinq cens soixante onze. Signé Bordes, notaire royal ».
Ces instructions avaient été précédées et furent suivies de lettres patentes portant pardon général en faveur des habitants de la souveraineté de Béarn et du royaume de Navarre, à l'exception cependant de certains rebelles qui refusaient encore de se soumettre. L'extrait suivant en fait foi : Lettres d'abolition données à Pau le 4 mai 1571 par Bernard, seigneur et baron d'Arros et de Rodde, lieutenant général de la reine, dame souveraine de Béarn, en faveur de noble Bernard de Soulé, abbé lay d'Eslourenties, lequel, ayant suivi le parti de feu sieur de Terride qui s'était emparé dud. pays, avait porté les armes contre Sa Majesté et son État; de sorte qu'il avait été excepté de l'abolition générale que Sad. Majesté avait ci devant accordée à ses sujets naturels dud. pays par ses lettres patentes des 24 novembre et dernier mars précédents ; led. sieur d'Arros ordonnant que le nom et surnom dudit Soulé serait effacé du catalogue des exceptés et remis dans ses biens, dont il lui fait main levée. Ces lettres, expédiées en langue béarnaise, signées à l'original d'Arros et contre-signées par mandement dud. sieur lieutenant général, de Saint-Cricq. (Biblioth. nat., cabinet des titres.)

1571. — 30 AVRIL.

(Orig. — Bibl. nat., f. fr., vol, 15553, fol. 74.)

[MM. DE DOMEZAIN ET D'ARMENDARITZ A LA REINE CATHERINE DE MÉDICIS.]

Madame, Le long temps qu'il y avoit que nous estions auprès du Roy avec une bien grande despence (1) nous avoit tellement reduictz à necessité, que ne la pouvant plus supporter ny seullement trouver moyen de pouvoir sortir de ceste ville pour suyvre Sa Majesté et vous, nous avoit faict prendre la hardiesse de vous remonstrer en ceste ville nostre extremité et vous supplier très humblement de nous vouloir faire pourveoir sur ung memoire que nous avions baillé à Monsr de Limoges pour le vous communiquer; sur quoy il vous pleust nous dire que Vostre Majesté en parleroit au Roy et que comme chose juste et raisonnable elle nous feroit expedier nostre demande. Ce que nous esperions tousjours jusques à ce que led. sieur de Limoges nous dict de vostre part qu'il avoit esté regardé à nostre affaire, mais qu'il ne se trouvoit aucun moyen pour nous pouvoir accomoder; de sorte qu'au lieu que nous desirions suyvre Vos Majestés en attendant le retour de ceulx qui sont allez à la Rochelle, il a fallu que par necessité nous ayons changé d'advis pour esviter une honte que nous eussions peu recevoir, ne pouvant sortir du logis à faulte de moyen pour payer nostre despence, et avons pansé, puisque Sa Majesté faisoyt aussi bien la derniere depesche à la Rochelle et que ses affaires ne pouvoient permettre pour

(1) Après le départ de Mongonmery, Luxe, Bonnasse, Domezain, d'Armendaritz et plusieurs autres seigneurs basques avaient essayé de continuer la lutte. Ils pénétrèrent dans la vallée d'Aspe et réussirent à s'emparer du faubourg de Sainte-Marie d'Oloron. D'Arros et Montamat marchèrent alors sur eux avec quelques pièces de canon. A la première nouvelle du départ de l'armée protestante, Luxe crut prudent d'abandonner sa conquête et de rentrer en Basse-Navarre. Poursuivi jusque sur les frontières espagnoles, il licencia ses troupes; Bonnasse se dirigea sur Tarbes et fut tué au siège de cette ville; Domezain, d'Armendarits et quelques autres entrèrent en France et gagnèrent l'armée royale. Jeanne d'Albret les excepta alors de l'amnistie générale qu'elle avait fait publier dans ses états et tous les biens et revenus des rebelles furent placés sous séquestre.

ceste heure pour nous faire aucune recompanse de tant de pertes et despenses que nous avons faictes pour son service, que le meilleur seroyt pour nous de nous retirer le mieulx qu'il nous seroit possible à la mercy et faveur de noz parans et amys, jusques à un autre sayson et qu'il se presente occasion de faire service à Sa Majesté. Par quoy nous nous sommes achemynés avec ung peu d'argent que nous avons trouvé pour seullement nous conduyre et sortir de ceste ville, vous suppliant très humblement, Madame, ne vouloir trouver mauvais si nous sommes partis sans baiser les mains et prendre congé de Vostre Majesté, à quoy nous avons prié Monsr de Sainte Colomme (1) de supleer pour nous et vous asseurer que, en ce que nous pourrons vous faire très humble service, Vostre Majesté nous trouvera tousjours très affectionnez. Nous escrivons pareillement au Roy pour mesme chose. Il vous plaira, et vous supplions très humblement, Madame, luy vouloir faire trouver bon noz raisons et nous obliger de tant que de tenir main qu'il nous soyt tousjours aydant et favorable en nos affaires.

Madame, nous suplions le Createur vous donner en parfaicte santé très heureuse et très contante vye.

Vos très humbles et très obeissans subjectz et serviteurs,

DOMESAING.

Jean D'ARMENDARIZ.

De Paris, le dernier jour d'avril 1571.

---

(1) Bernard de Montesquiou Sainte-Colomme, frère puîné d'Antoine, massacré à Navarrenx en 1569, et de Joseph, tué au siège de Rouen en 1552. — Bernard, gouverneur de Metz en 1582, forma la branche des Montesquiou Xaintrailles, par suite de son mariage avec Francienne de Chamborel, fille aînée et héritière d'Amanieu de Chamborel, seigneur de Xaintrailles, et de dame Jeanne de Poissé. — Le plus jeune de tous les frères, Jean de Montesquiou Sainte-Colomme, devint l'auteur du rameau des Montesquiou, barons de Faget et d'Auriac. En octobre 1570, Domezain et Sainte-Colomme se trouvant à Paris, délivrèrent le certificat suivant à l'un de leurs compagnons d'armes, le capitaine béarnais Fleur de Lys, que Monluc mentionne plusieurs fois dans ses Commentaires : « Nous, Valentin de Domesaing, seigneur et baron de Moneinh, chevalier « de l'ordre du Roy, et Bernard de Saincte Colombe, gentilhomme ordinaire « de la chambre du Roy et cappitaine de troys cens hommes de pied françoys,

1571. — 30 AVRIL.

(Orig. — Bibl. nat., f. français, vol. 15553, f° 76.)

[MM. DE DOMEZAIN ET D'ARMENDARITS
AU DUC D'ANJOU.]

Monseigneur, Nous escrivons presentement au Roy les occasions pour lesquelles nous nous retirons à la mercy de nos parans et amys et d'aultant que nous sçavons bien que nostre lettre vous sera communiquée, nous ne vous ennuyerons pas d'autres discours là dessus, bien vous suplirons nous très humblement, Monseigneur, de vouloir tenir main que Sa Majesté trouve bon nostre retraicte, puisque par pure necessité nous y sommes constraincts, car il n'estoyt pas en nostre puissance de pouvoir sortir de ceste ville pour suyvre Sa dicte Majesté comme nous desirions, attendant sa responce de la Rochelle et sans ung amy que nous avons trouvé fort à propos qui nous a secourus d'un peu d'argent. Asseurez vous, Monseigneur, que nous demeurons en grande peine, qui a esté cause, craignant que nous n'eussions après si bon moyen, que nous sommes resoluz de nous en aller, dont le principal regret nous demeure de ce que nous n'avons pu prendre congé de Sa dicte Majesté, ne vous. Vous supliant très humblement, Monseigneur, ne le vouloir trouver mauvais et nous tenir tousjours au nombre de vos très humbles et plus affectionnés serviteurs et comme tels nous impartir vos faveurs et graces en nos affaires, lesquels nous doubtons bien que, si ce n'est qu'il vous plaise les prendre en main, yront en plus grande confusion et longueur que nous n'aurions besoing. Il vous

« certiffions au Roy et tous autres qu'il appartiendra, que le cappitaine Fleurdelys
« a esté employé, tant par Monsieur de Monluc que par le feu sieur de Terride,
« au faict et maniement des affaires et guerres du pays de Bearn et des
« environs, où il auroyt residé et demeure ordinairement, pendent que l'armée
« y avoit sejourné. Ce que nous sçavons pour l'avoir vu pendent et durant
« le temps que les dictes armées ont esté en pied, ausquelles nous avons
« tousjours esté avec nos compaignyes. En tesmoing de quoy, nous avons signé
« ce present certificat. Faict à Paris le XXVII° octobre 1570. Signés : V. Dome-
« saing et Senta Colombe » (Bibl. nat., pièces orig., vol. 1010).

plaira doncques, Monseigneur, les avoir en souvenance et nous en vostre bien bonne grace et pour très humblement recommandés.

Monseigneur, nous suplions le Createur vous donner, en très bonne santé, très heureuse et très longue vye.

Vos très humbles et très obeissances serviteurs,
DOMESAING.
JEAN D'ARMENDARIZ.

De Paris, le dernier jour d'avril 1571.

1571. — AOUT.
(Copie. — Bibl. nat., f. français, vol. 15553, f° 243.)

[LE COMTE DE LUXE (1) A LA REINE DE NAVARRE.]

Madame, Ayant entendu qu'il plait à Vostre Majesté que, par requeste très humble, nous taschions de rentrer en vos bonnes graces et obtenir de vous, Madame, la liberté de nos consciences et exercice de nostre religion et estre remis en noz biens, honneurs et estats, je n'ay voullu faillyr d'en adresser une à Vostre Majesté, à laquelle j'ay chargé ce porteur de la presenter, vous suppliant très humblement qu'il vous plaise estre ferme de la poincter et nous faire le bien d'octroyer le contenu d'ycelle,

---

(1) Charles, comte de Luxe, baron d'Ostabat, Lantabat et Sainte-Livrade, seigneur de Tardets, Ahaxe, Ledeuix, Esquiule et autres lieux, était fils de noble et puissant seigneur Mossen Johan de Luxe, baron dud. lieu, et de haute et puissante dame Izabeau de Gramont. Il est qualifié mestre de camp d'un régiment d'infanterie, capitaine de cinquante d'hommes d'armes des ordonnances du Roi, chevalier de l'ordre, capitaine et gouverneur de Mauléon et vicomté de Soule dans une gratification de 20,000 livres qui lui fut accordée par Charles IX, le 30 novembre 1569, en considération de ses services (Cabinet des titres, vol. 1040). Par lettres patentes du 23 décembre 1570, les revenus de la vicomté de Soule lui sont octroyés l'espace de 9 ans ; en 1577, de nouvelles lettres prorogent pour neuf autres années ce même don (Arch. départ. de la Gironde, B. 38 et 39). Enfin, en 1575, il figure pour 800 livres de pension annuelle sur les registres de la chambre des comptes des rois de France. Ainsi encouragé à combattre sa souveraine légitime, de Luxe, après avoir été chargé d'envahir les États de Jeanne d'Albret, accepte de servir sous Terride, qui avait reçu du duc d'Anjou le commandement général de cette expédition ; plus heureux que celui-ci, il sut échapper à Mongonmery. Chef du parti Bas-Navarrais,

par laquelle Vostre Majesté congnoistra clairement qu'en vous rendant la très humble submission que nous vous debvons, vous observant, Madame, que pour vous obeyr et complaire, j'y ay mis tout ce que l'honneur me peult permettre, car depasser oultre et me rendre coulpable d'une chose en quoy ma volonté n'a jamais failly est de si grand poix, qui est la reuine à un subjet d'attenter contre l'estat et service de son prince. J'aymerois mieux estre mort que de laisser à moy et aux miens une telle tache d'infamie, n'ayant jamais pensé de vouloir faillir en cest endroit. Toutes fois, Madame, si nous sommes tant infortunés que Vostre Majesté ayt jugé aultrement de noz desportements et que le port d'armes que nous avons faict en vostre royaulme et pays vous ayt despleu, je luy supplie très humblement, Madame, qu'il vous plaise de vouloir oublyer toutes choses passées et nous recepvoir comme vos très humbles et très obeyssants subgects et serviteurs en vos bonnes graces, esperant qu'à l'advenir nous serons si heureux de tesmongner à Vostre Majesté par service très humble l'inctegrité que nous avons eu par le passé. Cependant je supplieray continuellement le Createur,

Madame, qui vous conserve en toute prosperité, très heureuse et très longue vie.

CHARLES DE LUXE.

---

toutes ses tentatives contre d'Arros restent infructueuses. Forcé enfin de mettre bas les armes, après la paix de Saint-Germain, de Luxe cherche audacieusement à rentrer en grâce auprès de la reine Jeanne. Ce ne fut que sous le règne de son fils, le futur Henri IV, qu'il obtint mainlevée de la saisie qui frappait ses biens. Depuis, il se tint à l'écart de tout mouvement politique; il mourut au commencement de l'année 1604.

De son mariage avec Claude de Saint-Gelais, le comte de Luxe n'avait eu que des filles, dont trois lui survécurent : 1° Charlotte-Catherine de Luxe, héritière de sa maison, mariée par contrat passé le 4 octobre 1593 au château de Précy avec Messire Louis de Montmorency, baron de Bouteville et autres lieux; 2° Claude de Luxe, alliée le 15 décembre 1590 à don Diego de Frias y Salazar, chevalier, seigneur de Roberes; 3° et Lucette de Luxe, abbesse du monastère de Sainte-Ausanie, près d'Angoulême. — Par transaction passée le 3 janvier 1605 en la noble et loyale ville d'Alfaro, au royaume de Castille, le baron de Bouteville devint seul maître et propriétaire des biens de la maison de Luxe, à la charge toutefois de payer en argent la légitime due à ses belles-sœurs. Des lettres royales, datées du 12 mai 1610 et mars 1611, confirmèrent cet arrangement de famille.

1571. — 29 AOUT.

(Copie. — Bibl. nat., f. fr., même vol.)

[LA REINE DE NAVARRE A M. DE LUXE (1).]

Mon cousin, L'affection que je porte naturellement à tous mes subjectz et le desir que j'ay de les veoir paisibles et reteneuz soubz l'obeyssance qu'ils me doibvent, faict que aysement j'houblye et mectz soubs le pied beaucoup de choses passées quand ils me recognoissent pour telle que je suis en leur endroict; et pour ce, ayant receu vostre lettre, attandant que nous soyons par le delà, comme j'espere bien tost, je ne vous feray aultre responce, sinon que je seroy très ayse de recepvoir et grattifier ceulx qui, avecques le respect qui m'appartient, me vouldront recognoistre pour leur damé et princesse, comme j'ay desjà faict à aulcungs et feray tousjours à ceulx qui de vraye et sincere affection me rendront le debvoir de bons et fidelles subjects. A tant, je feray fin en priant Dieu, mon cousin, vous avoir en sa sainte et digne garde.

Vostre bonne cousine,
JEHANNE.

Escripte à Quistres (2), ce XXIXe jour d'aoust 1571.

1571. — SEPTEMBRE.

(Copie. — Bibl. nat., f. fr., même vol.)

[LE COMTE DE LUXE A LA REINE DE NAVARRE.]

Madame, L'un de mes gens qui presenta à Vostre Majesté la lettre que je luy escrivois avec le Capitaine Fleurdelis (3)

---

(1) Seules les réponses de Jeanne d'Albret ont été publiées par M. de Rochambeau dans son Recueil des *Lettres d'Antoine de Bourbon et de Jehanne d'Albret*. Le lecteur jugera comme nous que, malgré leur grande publicité, il était indispensable de les reproduire ici.

(2) Bourg de Guienne.

(3) Fleur-de-Lys était un fief sis dans la commune d'Ainhice-Mongélos et relevait du royaume de Navarre. Jean de Fleur de Lys, capitaine catholique,

est tombé malade à Bordeaulx et m'a envoyé celle qu'il luy a
pleu me faire cest honneur de m'escrire, par la quelle, Madame,
j'ay sceu vostre venue de par deçà et de mes seigneurs et dame
vos enfans. De quoy je loue Dieu et luy supplie de toute l'affection qui est en moy que tous voz bons subgets et très humbles
serviteurs puissions jouyr aussi longtemps de cest heur que je
le desire, et d'autant, Madame, que par vostre d. lettre Vostre
Magesté offre à tous ses subgets qui la vouldront recognoistre
avec le respect qu'ils doibvent vous faire avec gratification de
vos bonnes graces, je prendray là dessus la hardiesse de vous
dire que pour ce regard je les pense meriter autant que gentilhomme de ma quallité qui soit au monde, car de ma vie je
n'ay heu volonté que de demeurer soubz vostre très humble
obeyssance, comme très fidelle subget et très obeyssant serviteur,
et si je suis si fortuné que Vostre Majesté aye conceu quelque
autre opinion de mes actions, nonobstant les raisons que si devant
je vous ay faict entendre qui m'onst meu à faire ce que j'ay
faict. Je ne puis, Madame, vous rendre tesmoignage de ma
sincerité que vous faire très humble requete qui vous plaise en
tirer preuve me honorant de voz commandements pour vostre
service, car à l'effectuation d'iceulx, Madame, j'employeray ma
vye et tous les peu de moyens que j'ay de si franche volonté
que Vostre Majesté congnoistra à l'œil le tort qu'elle me tient
d'avoir autre opinion de moy. Au demeurant, Madame, par ce
qu'il vous a pleu me remettre à quant Vostre Majesté seroit
en Bearn sur les très humbles supplications que je lui faisois,
par mad. lettre, je renvoye, Madame, ce gentilhomme present
porteur vous rendre compte pour luy supplier très humblement
qu'elle soit sure de nous declarer vos bons vouloirs et surtout,
Madame, nous octroyer en vostre royaulme et pays la liberté
de nos consciences et exercice de nostre relligion et pareillement
sur vostre bon plaisirs de nous restituer en nos honneurs, prero-

dont Monluc cite plusieurs fois le nom (*Comment.*, t. III, p. 71 et 280), ne
put obtenir de Jeanne d'Albret mainlevée de la saisie qui frappait ses biens.
Il quitta alors le Béarn, vint se fixer dans le Marensin et fut, en 1574, nommé
conseiller du Roi et son contrôleur en l'élection des Lannes (Arch. départ.
de la Gironde, B. 41).

gatives, biens et privilleges, et commander à vos officiers de la
Basse Navarre et Bearn de anuller toutes sentences et edicts à
ce contraires. Ce pendant je supplieray tousjours le Createur,
     Madame, vous donner en toute prosperité très heureuse et très
longue vie.

Charles DE LUXE.

De Tardets, le...

1571. — 11 septembre.
(Copie. — Bibl. nat., f. fr., même vol.)

[LA REINE DE NAVARRE A M. DE LUXE.]

Mon cousin, J'ay entendu la requeste que me faictes par vostre
lettre, à laquelle je ne vous puys faire aultre responce sinon
qu'en me recognoissant, comme vous debvez,. je seray tousjours
fort ayse de vous accorder ce que vous me demandez, et à ceste
condition je vous octroye dès à present le contenu de vostre
requeste, à quoy, pour vostre bien, vous ne debvez aulcunement
differer. Et en cest endroict, mon cousin, je prie Dieu vous tenir
en sa très saincte garde.

Vostre bonne cousine,
JEHANNE.

De Arudy (1), ce xiᵉ jour de septembre 1571.

1571. — fin septembre.
(Copie. — Bibl. nat., f. fr., même vol.)

[REQUÊTE
du comte de luxe a la reine de navarre.]

Madame,

Le sᵣ de Luxe, vostre très humble serviteur et très obeyssant
subgect, vous remonstre, tant de sa part que au nom d'ung grand

---

(1) Petite ville de l'arrondissement d'Oloron. Rentrée en Béarn depuis
quelques jours, Jeanne d'Albret était alors en chemin pour aller prendre les
bains aux Eaux Chaudes.

nombre de gentils hommes et aultres personnes voz subgects, qu'il y a trois ans ou environ que, par authorité de Vostre Majesté, leurs biens qu'ils ont en vostre Royaulme de la Basse Navarre et pays de souveraineté de Bearn ont esté saisiz et jouyz soubz vostre main, et que dans vostre ville de Pau ont esté faictes certaines executions contre et au prejudice de l'honneur, bonne fame et reputation dud. s^r de Luxe et desd. gentilshommes et aultres voz subgectz. Davantaige que despuis ung an ou deux l'exercisse de la relligion catholique et apostolique romaine a esté interdict, prohibé et deffendu et empesché en vostre royaulme et pays de souveraineté; et pour aultant que led. s^r de Luxe, ny les gentilshommes et aultres voz subgectz, n'ont jamais pensé à dire ny faire chose de ce monde, tant petite qu'elle soit, qui deust desplaire ny offenser Vostred. Majesté, que à l'opposite tous jours desiré de vous rendre le très humble respect, honneur et submission qu'ilz vous doibvent, ils ne peulvent juger de l'occasion qui a aigry et irrité Vostre Majesté contre eulx, si ce n'est qu'ils vous ayent mescontenté de ce qu'estant, il y a trois ans, Vostre Majesté absente de vostre royaulme et pays de souveraineté de Bearn, ils y prindrent les armes par le commandement du Roy et soubz l'offre que Sa Majesté leur feist de la protection en laquelle elle prenoit vostre royaulme et pays de souveraineté de Bearn, durant vostre esloignement; et par ce que led. s^r de Luxe et voz aultres subjectz, tant gentils homes que d'autre quallité et toutes aultres personnes que luy ont adheré, n'ont jamais entendu, en recepvant lad. protection du Roy, de se distraire, separer et desunir de vostre obeyssance, mais au contraire voleu et rendeu avec très grand zelle bonne affection et naturelle inclination de s'y conserver et de fortifier de tant plus en vostre subgection, et guarder et maintenir par ce moyen l'estat de vostre couronne, suyvant la declaration du Roy et leurs intentions qu'ils protestarent en recepvant lad. protection. A ceste cause et très juste consideration, le d. s^r de Luxe et aux noms susd., faict très humble requeste à Vostre Majesté de le vouloir aprouver, avouer et tenir, et tous voz subgects, tant gentilshomes que aultres, et toutes aultres personnes de quelque estat, quallité et condicion qu'ilz

soyent ont porté ses ans passés les armes sous lad. protection,
pour voz très humbles serviteurs, très loyaulx, très fidelles et
très obeyssants subgects, et si par le malheur du temps, tant
led. s^r de Luxe que vos d. aultres subjects, avoyent esté prins
et fait chose, durant qu'ilz ont porté les armes soubz lad. protection, qui aye meu Vostre Majesté d'estre mal contente de leurs
desportemens et actions, ils vous supplient très humblement de
le voulloir houblier, et pour cest effect leur vouloir octroyer une
pattante, par laquelle il vous plaise casser et adnuller tous
arrestz, mandementz, commissions et decrets tant de Vostre
Majesté que de voz lieutenantz generaulx, juges et aultres officiers
qui pourroyent estre donnés et intérvenus au contraire ; et que
par icelle pattante, ilz soyent declarés nulz, pour non advenuz,
et de nulle efficace et valeur, disant que toutes notes, marques,
libelles et registres d'iceulx arrestz, ci devant faicts et donnés
contre et au prejudice de l'honeur, bonne fame, reputation,
integrité, fidellité et loyaulté dud. s^r de Luxe et de tous vosd.
subgects, soyent arrachés, pollués, laccérés et rompus, de sorte
que la memoire en soit estaincte et assoupie pour jamais. Anjoi-
gnant très expressement à vostre procureur general de ne leur
en faire aulcunes recherches et de luy en imposer sillence perpe-
tuellé. Et davantaige, promettre aud. s^r de Luxe et à touz vos
subgects et aultres personnes residentz en vostre royaulme et
pays de souveraineté de Bearn, de vivre en liberté de leurs
consciences et entier exercisse de leur relligion, et vouloir restablir
le service d'icelle en tous les endroictz et lieux de vostre royaulme
et pays de souveraineté, où il a esté interdict, sans aux posses-
seurs y estre contredictz, molestés, ni empeschés en aulcune chose.
Pareillement led. s^r de Luxe requiert et supplye très humblement
Vostre Majesté aux noms susd. qu'il soit vostre bon plaisir de
les remectre, et tous vos aulcuns subgects de quelque quallité
et condition qu'ilz soyent, en tous et chascun leurs biens qu'ils
possedent en vostre royaulme et pays de souveraineté pour uzer
d'iceulx paisiblement et librement et de les restituer en leurs
estatz, droictz, franchises, lybertés, privilleges et pensions par
voz predecesseurs, sieurs Roys et Reynes et par vostre très honoré
seigneur et mary, le feu Roy Anthoine, de très louable memoire,

et par Vostre Majesté, à vosd. subgects et aultres personnes de quelque consideration qu'ils soyent, ordonnées et destinées, ainsy qu'ils avoyent accoustumé par cy devant, sans y estre troublés en la jouyssance de personne quelconque que ce soit; mesmes vouloir et commander, par icelles pattantes, que les gens d'eglize soyent remis et restituez en leurs estatz, dignités, offices, beneffices, rantes, revenus, biens, ainsy qu'ils estoyent auparavant, et que toutes saisies, mainmises, arrentementz et affermes desd. beneffices et biens, tant ecclesiastiques que apartenants à vosd. subgectz laics et non ecclesiastiques, soyent enlevées et hostées, et le revenu, qui en aura esté prins par vos officiers à vostre commandement, leur soit randu et restitué à chacung en son endroict (1);

Et ce faisant, led. s^r de Luxe et tous vosd. subjects prieront Dieu comme ils font journellement et continuellement pour la prosperité de Vostre Majesté, la grandeur et augmentation de vostre estat.

Charles DE LUXE.

1571. — 25 septembre.

(Copie. — Bibl. nat., f. fr., même vol.)

[LA REINE DE NAVARRE A M. DE LUXE.]

Mon cousin, J'ay veu la requeste que vous m'avez envoyée, laquelle est plus digne d'ung homme qui veult continuer à me desplaire et offenser que d'ung subject bien conseillé qui veult recognoistre sa faulte. Et pour vous dire ce que j'en pence, je m'estonne bien fort du conseil duquel vous usez en tout cest affaire et beaucoup plus encore de ce que vous pensez que, pour justiffier voz actions passées qui ne se peulvent ny desguizer ny excuser, je doibve condampner le service de ceulx qui m'ont garenty mon estat et conservé en mon absence : car si je declarois que vous m'heussiez faict service et que m'heussiez tousjours esté

---

(1) Il existe, croyons-nous, peu d'exemples d'un vassal usant de pareils termes à l'encontre de son souverain.

fidelle serviteur et subject, en quelle estime aurois-je ceulx qui vous ont resisté pour mon bien et pour mon service? Et pour ne vous tenir plus longuement en doubte, tenez ce poinct pour resolleu que si vous ne me recognoissez, comme je vous ay escript, pour dependre de ma misericorde, que c'est en vain que vous vous travaillez d'obtenir rien de moy, car aussy peu vous quitteray je cest article que ma couronne mesme; et ne pensez que le temps me fasse changer de volonté ny de conseil, car il me donnera plus tost, si vous continuez, occasion d'aigreur que de doulceur en vostre endroict, dont toutesfois je serois bien marrie. Priant à tant le Createur, mon cousin, vous tenir en sa sainte garde.

Vostre bonne cousine,
JEHANNE.

De Pau, ce xxve jour de septembre 1571.

1571. — NOVEMBRE.
(Copie. — Bibl. nat., f. français, même vol.)

[LE COMTE DE LUXE A LA REINE DE NAVARRE.]

Madame, Je loue Dieu et rends très humbles graces à Vostre Majesté de l'honneur qui vous plaist faire à tous vos subgects d'octroyer la très humble requeste que pour tous je vous ay faicte qui lui pleut recepvoir en ses bonnes graces tous ceux de vos subgets qu'à nostre très grand regret en estions eslongnez et nous restituer la liberté de nos consciences et exercice de nostre relligion et nous remettre en noz biens, honneurs et estats. Ce sont poincts, Madame, de vostre bonté et lesquels vult le debvoir auquel Dieu et nostre honneur nous rendent perpetuellement obligé, qui augmentent tellement ce que nous debvons à vostre service que nous ne chercherons jamais que la juste occasion de rendre preuve à Vostre Majesté de la fidellité et devotion que nous y avons. Et d'autant, Madame, que ce que nous desirons le plus maintenant est par parolles en rende Vostre Majesté satisfaicte et luy suplie très humblement que si par cy devant elle avoit conceu quelques mauvaises opinions de nos actions, il luy plaise nous faire ceste faveur de les vouloir oublier et nous croire pour ses très humbles et très fidelles subgets et très obeyssants serviteurs, comme n'ayant eu jamais aultre intention que le desir d'estre conservé telz et de demeurer soubs la très humble obeyssance de voz commandements. Mais par ce, Madame, que nous avons esté diffamez par vos officiers en vostre royaulme et pays de Bearn, il vous seroit mal seant de nous presenter devant Vostre Majesté sans que ne fussions restituez en noz honneurs, et pour ceste raison je luy supplie très humblement que ce soit son bon plaisir de commander que pattentes soient publiées en vostre royaulme et pays de Bearn pour esclairer un chascun de la justification de nostre cause et incontinent nous ne fauldrons d'aller bayser les mains de Vostre Majesté, laquelle je supplie le Createur,

Madame, conserver et augmenter avec toute prosperité très heureuse et très longue vie.

CHARLES DE LUXE.

1571. — 19 DÉCEMBRE.
(Copie. — Bibl. nat., f. fr., même vol.)

[LA REINE DE NAVARRE A M. DE LUXE.]

Mon cousin, Pour declarer à mes subjectz qui ont, ces derniers troubles, porté les armes contre moy et mon estat, la grande affection que j'avois de les reunir soubz mon obeissance et qu'il ne tiendroit qu'à eulx seulz s'ils n'obtenoient ma bonne grace, j'ay tousjours faict ceste responce à toutes les requestes qu'ils m'ont cy devant presentées et particulierement aux vostres, que j'estois preste à les recepvoir au rang et nombre de mes bons subgects moyennant que premierement ilz me recognoissent comme ilz doibvent, car sans ce poinct c'est en vain qu'ils se travaillent d'obtenir rien de moy; et affin que vous cognoissez, et les aultres aussy, en quoy consiste ceste recognoissance que je requiers de vous au preallable que de passer oultre, c'est que je veux estre satisfaicte des crimes et faultes passées et que pour icelles on implore ma grace que j'impartiray lors d'aussi bonne volonté que j'ay faict à tous ceulx qui l'ont implorée comme ilz doibvent, ce que faisant de vostre part vous jouyrez de vos biens et honneurs comme les aultres, sans aulcune difficulté. Et voilà ce que je vous ay accordé par cy devant sur voz requestes, comme encore je le vous accorde soubz la condition susdicte. Et quand au poinct de la relligion duquel m'escripvez, j'y pourveoiray comme je doibs à mes estats, ainsy que j'ay tousjours resolleu et faict responce à tous ceulx qui m'en ont sollicité sur ce faict. Priant Dieu, mon cousin, vous avoir en sa saincte garde.

Vostre bonne cousine,
JEHANNE.

Mon cousin, affin que vous ne vous abusiés poinct aux maulvais conseils que l'on vous donne et vaines esperances, je vous prie me croire cellon la resollution de ceste lettre que je ne puis ny ne veulx changer et vous vous en trouverez bien.

1572. — 24 JUIN.
(Orig. — Bibl. nat., f. fr., vol. 15556, f° 214.)

[M. DE DOMEZAIN AU ROI CHARLES IX.]

Sire, Je ne fais aucunement dobte que Vostre Majesté n'aye cogneu ceulx qui se sont efforcés de vous faire service lorsque la necessité de voz affaires l'ont permis, et encore que je ne me puisse metre de ce rang pour ne vous en avoir faict, ainsi que j'eusse bien desiré, si est-ce que Dieu et les hommes me sont tesmoings s'il a tenu à faulte de m'estre mis en debvoir ny que je n'en eusse bonne volonté, de façon que je m'en sens très bien, comme je feray toute ma vye, pour m'estre assez abondemment fourré en despense, laquelle je tiens pour bien employée puisque je l'ay faicte pour le service de mon roy. Car encore que la pluspart et le principal de mon bien soit en la subjection de la Royne de Navarre (1), je tiens neanmoings mon nom et

---

(1) La nouvelle de la mort de Jeanne d'Albret, décédée à Paris le 14 de ce même mois de juin, ne devait pas encore être parvenue à Bayonne. La lettre de M. de Domezain ne contient aucune allusion au sujet de ce grand événement·

armes de la vostre, que j'estime plus que tout l'interest du monde
pour m'estimer plus que heureulx d'estre subject d'un si grand
roy. Vous sçavez très bien, Sire, comme pour vous avoir volu
obeyr, ainsy que le debvoir me le commandoyt, je suis traité
de la Royne de Navarre qui me tient depossedé de ce peu qui
me restoyt et de ma religion, ce que je vous ay tant et si souvant
faict entendre que je crains vous en avoir par trop fasché; et
d'aultant qu'il vous a pleu tous jours me dire, et à mes compai-
gnons, que vous nous feriés remedes, j'ay eu pascience en
attendant ce jour et pour n'avoir pour ma retraicte lieu de seurté
où je me peusse sauver de tant de conspirations qui ont esté
faictes contre moy et que j'ay descouvertes par ceulx mesmes
qui avoient prins charge de me faire mourir par armes ou poison,
je me suis retiré en ceste ville, avec quelques gentilshommes
qui demeurent pour mesme occasion hors de leurs maisons, où
je me suis porté jusques icy le mieulx qu'il m'a esté possible,
sans avoir donné aucun argument à personne de se plaindre
de moy, ny pansé de faire chose indesente de mon debvoir.
Touttefoys j'ay esté adverty que Vostre Majesté a escript une
lettre à M. le viconte d'Orthe (1), faisant mention de quelque
soupçon que vous avez, qu'il y aye intelligence en ceste ville
avecques les Espaignols, par le moyen d'ung vieil Espaignol
qui faict sa residence au Chasteau-Vieulx, et que pour esviter
tous inconveniens il le fist desloger de la ville, ensemble tous
les estrangers. Et combien, Sire, que ce poinct ne me touche
en rien pour ne m'estimer estranger en vostre royaume et que
je n'aye nulle occasion de m'en ressentir, ce est-ce qu'il s'est

On sait que, quoique assaillie des plus noirs pressentiments, Jeanne d'Albret
s'était décidée à partir pour Paris afin d'assister au mariage de son fils avec
Marguerite de Valois. A peine parvenue au but de son voyage, la reine de
Navarre fut saisie d'une fièvre ardente et cinq jours après elle succombait;
l'étrangeté de son mal fit longtemps croire à un empoisonnement. — Dans
son testament, la Reine spécifiait le désir que son corps fut transporté à Lescar,
au tombeau de ses ancêtres. Mais, ainsi que le dit l'historien Bordenave, *la
malice du temps* ne permit pas l'exécution de cet article. Le corps de Jeanne
d'Albret fut transporté à Vendome et placé dans l'église Saint-Georges, à côté
de celui de son mari, le roi Antoine.

(1) Adrien d'Aspremont, vicomte d'Orthe, gouverneur de Bayonne et pays
circonvoisins, mort en son château de Peyrehorade en 1578.

semé une telle interpretation parmy tout ce peuple que c'est de moy et de Monsieur d'Armendaritz que Vostre Majesté veult parler que je ne puis penser que ceste cherité nous ayt esté prestée, sinon pour nous mettre en quelque sinistre oppinion de vous, et de vray, à ce que j'entends, cela est sorty d'une bouticque qui nous est fort suspecte à l'occasion des troubles passez et de vostre service (1). Quant à moy je serois bien marry d'estre tumbé en une si lourde faulte ny seullement d'y avoir pansé et estime aultant dud. sieur d'Armendaritz et ne se trouvera jamais que je veuille suyvre que les bestiges des myens qui sont tous morts au service de vostre couronne et notamment mon pere, mes freres et le sieur de Moneing (2), mon oncle, et moy mesme faict preuve en ce que j'ay esté employé, qui me sert d'assez clair tesmoignage pour lever le scrupule à tout le monde,

---

(1) Serait-ce de cette *bouticque si fort suspecte* qu'émane la pièce suivante? (f. français, vol. 15555, f° 19) :

« Les Espagnols ont fait assemblée à la frontiere et près Bayonne ; du long « de la mer aud. Bayonne la muraille est tombée et y a des breches. Le « gouverneur ne se y tient guieres, est malladif et ne s'en peult soucier comme « seroist necessere et y a peu d'ordre. Le sieur Damesain s'y tient, qui n'est « subject du Roy et son bien est saisy par la Royne de Navarre, et quand « il le recouvreroit d'elle il est tout engaigé et pour aultant qu'il vault ; par « quoy n'a esperance de se rellever et est en desespoir d'estre tel que ses « predecesseurs l'ont laissé. Il faict une extreme despanse, accompaigné de « trouppe d'hommes et chevaulx et l'argent ne luy manque. La dicte despance « le faict suyvre et autoriser audict Bayonne, de sorte que s'il est aultant « vray, comme l'on m'a assuré, ce sont choses à quoy il fault pourvoir et « representer, car il n'y a chose qui plus garde d'estre trompé et surpris que « pourveoir à tout dextrement et sans bruict. C'est à nother que ledict Domezain « se plainct de Leurs Majestés et dict que c'est luy qui a faict la plus part « de la guerre et Monsieur de Lusse en a pourté presans et pancions et terres. « Il s'est demy depparty de l'intelligence qu'il avoit avec ledit de Lusse et de « Saint Genyés, n'ayant acointance que avec Armendaris. »

(2) Tristan, baron de Monein, gouverneur de Bayonne et lieutenant du Roi en Guyenne, cruellement massacré à Bordeaux dans une révolte, en 1548. Voir le récit de sa mort dans l'*Hist. de Bordeaux*, par dom Devienne, t. I, p. 107, et aussi la *Revue des Questions Historiques* (juillet, 1884), où M. Tamizey de Larroque rappelle que dom Devienne a exagéré la cruauté de la sentence rendue contre les jurats de Bordeaux, qui n'eurent point à déterrer le cadavre avec leurs ongles. Le baron de Monein ne laissait pas d'enfants de Françoise de Lomagne-Montagnac, sa femme. Catherine de Monein, sa sœur, épouse de Jean de Domesaing et mère de Valentin, signataire de cette lettre, hérita de la baronnie de Monein.

vous supliant très humblement le croire ainsi et ne penser que ce que je vous en dis soyt pour aucune justification, sinon pour respondre à ce que on vous pourroit avoir rapporté de moy, car je suis trop homme de bien pour estre calompnyé si lourdement ny mangé de ceste façon aux langues des meschans, comme j'espere le faire cognoistre. Touttefoys, Sire, si j'estois si malheureulx que d'estre tumbé en ceste mauvaise oppinion de vous, je vous suplye très humblement de me le vouloir dire franchement, affin que je vuyde non seulement Bayonne, mais que j'aille en quelque desert où personne ne me puisse jamais veoir et en actendant vostre commandement, je ne laisseray pas de vous importuner pour tant de pouvres ames qui vivent sans religion en Basse Navarre et Bearn et qui demeurent tant captives à vostre occasion, affin qu'il vous plaise les remedier, comme il est bien en vostre main. Autrement je sçay bien que la pluspart laisseront le pays pour s'en aller où ils pourront estre en plus grande liberté. Comme pour ma part j'ay resolu, ensemble mes compagnons, de ne nous retirer jamais sans la religion, ny de faire ce que beaucoup d'autres ont faict qui se sont seulement contantés des biens, lesquels nous m'estimons rien auprès de nos consciences, il vous plaira donc, Sire, nous avoir pour recommandés, puisque nous sommes vostres et que pour vostre service nous sommes en ceste calamité, qui est encore plus grande que je ne la vous sçaurois exprimer par escript (1).

Sire, je suplye le Createur vous donne en toute prosperité, très bonne, très longue et contente vye.

Vostre très humble et très obeissant subject et serviteur,
V. DOMESAING.

De Bayonne, le xxiiii⁰ jour de juing 1572.

(1) Rétablis dans leurs biens et leur *bonne fame* après la mort de Jeanne d'Albret, MM. de Domezain et d'Armendarits ne jouirent pas longtemps de ce bien-être. Tous deux moururent dans le courant de l'année 1573.

DEUXIÈME PARTIE

MISSION DU BARON D'ARROS EN BÉARN

1572-1575

1572. — 13 JUIN.

(Copie. — Bibl. nat., cabinet des titres, vol. 35.)

[LE ROI DE NAVARRE AU BARON D'ARROS.]

Monsieur d'Arros (1), J'ay receu en ce lieu la plus triste nouvelle quy m'eust sceu advenir en ce monde, quy est la perte de la Royne, ma mere, que Dieu a appellée à soy ces jours passés,

---

(1) Bernard d'Arros appartenait à une très ancienne famille béarnaise, dont le premier auteur connu, Oddo d'Arros, était, en l'an 1100, placé par l'église de Lescar au rang de ses bienfaiteurs (Marca, p. 452). La seigneurie d'Arros occupait le septième rang dans les grands fiefs de la vicomté.

Jean, seigneur et baron d'Arros, père de Bernard, avait fait, en 1521, la guerre de Navarre, sous les ordres d'André de Foix, sire de Lesparre. François d'Arros, son oncle, que l'on trouve quelquefois qualifié baron d'Arros, accompagna Henri d'Albret en Italie. Il assista avec son maître à la fameuse bataille de Pavie, livrée le 24 février 1525, et avec lui tomba entre les mains des Espagnols. Tous deux également parvinrent à s'échapper de leur prison de Pavie, grâce au dévouement du page Rochefort et à l'intelligence de Gassion, venu de Béarn pour traiter de leurs rançons.

A l'égal de ses aïeux, Bernard d'Arros fut un dévoué serviteur de la maison de Navarre. En 1559, il fit preuve de grands talents militaires au siège de Fontarabie. Rentré en Béarn, il combattit les projets d'annexion du roi de France et parvint à les faire échouer. Ardent patriote, huguenot enthousiaste et convaincu, il applaudit à toutes les mesures de Jeanne d'Albret et concourut de toutes ses forces à leur exécution. Aussi, lorsque cette princesse quitta le Béarn pour se retirer à la Rochelle, jeta-t-elle les yeux sur d'Arros comme étant le plus propre à défendre ses institutions et son royaume. Par lettres données à Nérac, le 30 août 1568, Jeanne instituait « son très cher et bien « amé le sieur d'Arros, baron en son pays souverain de Bearn, chef conducteur « et capitaine general des armées en ses d. royaume et pays souverain de « Bearn, pour faire, ordonner et commander pour son service et sur le faict,

estant morte d'un mal de pleuresie quy luy a duré cincq jours.
Je ne vous sçaurois dire, Monsr d'Arros, en quel dueil et angoisse
je suis reduit, quy est sy extreme que m'est bien mal aysé de
le supporter; touttes foix je loue Dieu du tout. Or puis qu'après
la mort de lad. Royne, ma mere, j'ay succedé à son lieu et plasse,
il m'est doncq de besoing que je prenne le soing de tout ce quy
estoit de sa charge et domination, quy me faict vous prier bien
fort, Monsieur d'Arros, de continuer, comme vous avez faict en
son vivant, la charge qu'elle vous avoit baillée en son absence

« exploit, expedition et execution d'icelles tout ce qui seroit jugé necessaire ».
On a vu le zèle qu'il déploya dans l'accomplissement de sa charge. Lorsque
Mongonmery vint en Béarn nanti des pleins pouvoirs de la princesse, d'Arros
s'effaça devant lui et devint son premier lieutenant. Au départ du terrible
chef, il accepta de partager le pouvoir avec Montamat. Jeanne d'Albret ratifia
tous les actes de son lieutenant, et, lorsque de Chaunay le jeune roi de
Navarre lui adressa la lettre ci-dessus, d'Arros dut croire que son maître,
héritier de sa mère en ses croyances politiques et religieuses, suivrait la même
ligne de conduite que Jeanne d'Albret. Aussi, lorsque après la Saint-Barthélemy
le vieux baron apprit que ce prince avait, le 16 octobre 1572, signé un édit
qui rétablissait en Béarn la religion catholique et expulsait du pays les ministres
protestants, n'en voulut-il rien croire. Et, quand six mois après, le Roi, pressé
par la cour de France, se décida à faire mettre à exécution cet édit, rendu peut-
être malgré lui, et qu'il chargea le comte de Gramont de cette difficile mission,
d'Arros non-seulement se refusa à laisser enregistrer par les États la volonté
de son maître, mais encore il s'apprêta à repousser l'envoyé royal comme un
ennemi de son pays. Le coup de main de Hagetmau, réprouvé par Henri de ·
Navarre, et l'expédition de Tarbes, qui tourna à l'avantage de Gramont, ne firent
que retarder un événement qui s'imposait.

Enfin, las d'une lutte si longue, sentant aussi que son influence diminuait,
d'Arros, prenant pour prétexte son grand âge, offrit sa démission. Heureux d'une
conclusion si inespérée, le roi de Navarre se hâta de l'accepter et un nouveau
gouverneur fut aussitôt nommé. — Retiré de la vie militante, on retrouve
en 1577 d'Arros, membre d'une commission chargée, sous la présidence du
chancelier du Faur, de réviser les lois et coutumes du·pays. Ce fut son dernier
acte politique. Trois ans après (1580), il succombait, chargé d'années et de gloire
(Olhagaray).

De son mariage, contracté en 1545, avec noble demoiselle Gabrielle de Lordat
Castagnac, Bernard d'Arros avait eu deux fils : François, le puîné, tué au
siège de Navarrenx, et Jacques, qui, comme son père qu'il précéda dans la
tombe, fut un zélé protestant et un hardi capitaine. Le 21 juin 1571, Jacques
avait épousé Jeanne de Béarn-Bescat (Arch. des B.-P., E. 2003). De cette
alliance naquit une fille unique, Elisabeth d'Arros, qui hérita des grands biens
de sa maison et épousa Pierre de Gontaut-Biron.

Une branche cadette, issue de Peyroton d'Arros, oncle du baron Bernard,
et dont plusieurs membres se sont illustrés dans les armes, s'est éteinte au
commencement de ce siècle.

en ses pays de dellà, de la mesme fidelité et affection que vous y avés tousjours monstrée, et tenir principalement la main à ce que les edits et ordonnances faittes par S. M. soient à l'advenir, comme je desire, gardés et observés inviolablement, de sorte qu'il ne soit rien attenté ny innové au contraire; à quoy je m'assure que vous vous employerez de tout vostre pouvoir; et vous, croyez qu'en recompense je n'oublieray jamais tous vos bons offices pour vous les recognoistre là où j'en auray le moyen, d'aussy bon cœur que je prie Dieu, Monsr d'Arros, vous thenir en sa saincte garde.

De Chaunoy, le traize jour de juin mil cincq centz septante deux.

Vostre bon maistre et amy,
HENRY.

Je vous prie thenir la main sur tout à l'observation des ordonnances ecclesiastiques; car la dite feue Royne, ma mere, m'en a chargé particulierement par son testament (1).

1573. — 27 JANVIER.
(Copie. — Bibl. nat., f. fr., vol. 15556, fº 131).

[M. DE MONTFERRAND (2) AU DUC D'ANJOU.]

Monseigneur, J'ay receu la lectre qu'il vous a pleu m'escrire par le cappitaine Bourg (3), ensemble le commandement qu'il

---

(1) La copie ci-dessus est suivie de cette mention : *Le premier janvier* 1691, *par moy notaire au Navaillès soubssigné, le présent a esté tiré de son original quy m'a esté remis en main par messire Hcnry d'Arros, chevalier, seigneur baron d'Auriacq, et a esté retiré par led. seigneur quy a signé avec moy dit notaire. Signé : d'Arros d'Auriac, de Bordanabe, notaire, et légalisé à Morlaas le 38 janvier* 1693. On retrouve également cette pièce dans le recueil des *Lettres missives d'Henri IV*, t. VIII, p. 78.

(2) Charles de Montferrand, gouverneur et maire de Bordeaux, en absence ou maladie du Sr de Monluc, par provisions du 12 janvier 1569. Il fut maintenu dans ces fonctions par de nouvelles lettres en date du 12 octobre 1571 (Arch. départ. de la Gironde, B. 38, fᵒˢ 74 et 291). Il fut tué en 1574, au siège de Gensac.

(3) Quelques jours auparavant (16 janvier 1573), le maréchal dé Biron écrivait au duc d'Anjou pour lui recommander le capitaine Bourg, qui désirait être employé au siège de la Rochelle (*Arch. Historiq. de la Gironde*, t. XIV, p. 76).

vous plaist me faire pour le regard du passage des trente enseignes que mandés sercher à Monsr l'admiral, pour raison desquelles nous avons, ledict cappitaine Bourg et moy, avant qu'il soit party d'icy, donné ordre aux estappes pour le regard de ceste Seneschaussée de Bourdellois; vous asseurant, Monseigneur, que je useray en cella et tout autre chose qu'il vous plerra me commander de toute la diligence qu'il me'sera possible pour obeyr à voz commande-mens, et pour vous tenir adverty à la verité de tout ce qui se passe par deçà.

Pour le regard de Bear, je n'ay vollu fallir, après avoir seu le premier advertissement que je vous envoyé, d'envoyer ung homme sur les lieulx, bien advisé et qui est du pays, qui m'a raporté à la verité que tout ce qui est eslevé en Bear ne sauroit estre gentilz hommes ou aultres que cinq ou six cens hommes tels que tels, mal armés et mal à cheval, conduictz par le filz du s^r Darroz, lesquels ne prennent rien aux terres du Roy et leur est expressement defandu par le dict Darros; de façon, Monseigneur, que, à ce que je puys entandre par celluy mesmes que je y avoys envoyé, cette levée ne c'est faicte que pour empecher le s^r de Grammond de jouyr de la charge que le Roy de Navarre luy a donnée. Et dict-on que Monsr de Luxe a quelque intelligence avecques eulx pour ceste occasion.

Le cappitaine Bousquet, qui est de Viela (1), que Monsr de Monluc cognoist bien, arriva hier en ceste ville du camp de Monsieur l'admiral (2), qui m'assura qu'il avoit laissé le dict s^r Admiral qui debvoit faire dimanche dernier les aproches devant Caussade (3) qu'il avoit assiegé, et me dict, en presence dudict cappitaine Bourg, qu'il pouvoit avoir de quinze à seze mil homes de pied et que le grand prieur d'Auvergne estoit arrivé au camp dudict s^r admiral avec sept compagnies de gens de pied, belles et bien armées.

Nous n'avons en tout ce quartier icy personne qui se bouge, sauf

---

(1) Miet de Bousquet, seigneur de Verlha, dans le Bas-Montauban près Villebrunier, capitaine de 50 hommes d'armes.

(2) Honorat de Savoie, marquis de Savoie et amiral de Guienne.

(3) Caussade (Tarn-et-Garonne) défendue par le brave La Mothe-Pujol.

et reservé le sieur Daubeterre (1) qui a retiré quelque nombre de
voleurs en sa maison qui font des courses du cousté d'Enguolèsme
et jusques ez environs de Libourne, Saincte Foy et Bragerac. Je
say, Monseigneur, pour chose certaine et asseurée qu'ilz font faire
des eschelles dans le chasteau d'Aubeterre et ne puys penser que
ce soit pour autre occasion que pour surprandre la ville de
Libourne (2), comme ilz se voulsirent essayer de faire aux secondz
troubles, de quoy je les seuz très bien empecher, et feray encores
si Dieu plaist. Je fiz pour les habandonner à Pilles deux couraux
qu'il avoit menés chargez d'eschelles jusques au pied de la muralhe,
et m'assure que si j'eusse heu cinquante chevaulx, comme je ne les
avois poinct pour lors, que j'eusse faict mieulx que je ne fis.

Je vous veulx bien advertir, Monseigneur, que je n'ay pas ung
seul homme de guerre ycy pour metre dans Libourne ny ailleurs,
comme je m'aseure que vous savés très bien ; et parceque c'est une
place d'importance je vous supplie très humblement de y adviser,
et si vous trouvés bon, Monseigneur, de y mettre quelque gentilhomme de ce pays ycy pour y commander avecques cinquante
aquebuziers, il susfiroit ce me semble pour se garder de surprinse
avecques les habitans de la ville qui sont un bon nombré de
catholiques, et si vous trouvés bon d'en y mettre, je vous supplie
très humblement adviser et me commander vostre volunté, et sur
quoy il vous plerra qu'ilz soient payés ou nourris, et envoyer
mandement pour ce faire. — Je vous envoye ung double d'une
lectre que les maire, jurats et officiers de Casteljaloux m'ont
escript là où ilz sont très tous signés, et vous envoye aussy une

(1) François Bouchard d'Aubeterre, sieur de Saint-Martin de la Couldre,
condamné à mort, le 6 avril 1589, par le parlement de Bordeaux, en même temps
que 578 autres protestants, parmi lesquels se trouvaient « Pons de Pons, sieur
« de La Caze, naguieres seneschal des Lanes ; — Jehan de Pons, sieur de
« Plassac, son frere ; — Jehan de Fargue, appelé le cappitaine de Lamothe
« Pujols », dont nous avons déjà eu occasion de parler (*Arch. Historiq. de la
Gironde*, t. XIII).

(2) Dans le volume déjà cité des *Archives Historiques de la Gironde* se trouve
une lettre publiée par M. Tamizey de Larroque, datée du 20 avril 1573, adressée
au duc d'Anjou par les maire et jurats de Libourne, dans laquelle ceux-ci se
plaignent de ce qu'il a nommé le capitaine Mabrun, dont M. de Montferrand
parle quelques lignes plus loin. Ils invoquent les privilèges accordés à leur cité
et assurent le prince que la ville n'est nullement menacée par les ennemis.

autre lectre que le capitaine Mabrun m'escrivit hier qu'il me semble qu'il est ung peu d'importance et sur laquelle il vous plerra, Monseigneur, me despartir voz commandemens, vous aseurant que je seroys tousjours très aise d'avoir moyen d'employer ma vie et tout ce qui est en ma puissance pour vous fere très humble et obeissant service, et d'aussi bon cueur que je prie Dieu,

Monseigneur, vous donner en bonne santé très longue et très heureuse vie.

De Bourdeaulx, ce xxviie janvier 1573 (1).

1573. — 18 FÉVRIER.

(Orig. — Bibl. nat., f. français, vol. 15556, f° 271.)

[M. DE GRAMONT AU DUC D'ANJOU.]

Monseigneur, Je suis esté contrainct de faire sejour en ceste ville, attendant la responce que feroynt ceulx de Bearn à celluy que le Roy de Navarre y avoit despeché, laquelle trouvant toute pleine de rebellion et desobeyssance, je n'ay voulu faillir à vous en advertir et pour cest effect despeché le cappitaine La Taulade, present porteur, pour vous discourir l'estat de tout, vous suppliant le vouloir entendre. Et par ce, Monseigneur, que partant de la cour il vous pleust m'asseurer que avenant que l'execution du commandement que j'en ay du Roy, de vous et du Roy de Navarre (2) me feut difficile avec mes seuls moyens et ceulx que

(1) Cette copie porte au dos la mention suivante : *Monferrant au duc d'Anjou sur les agissements de Darros et Gramont.*

(2) Par lettres patentes, en date du 21 décembre 1572, M. de Gramont avait été chargé de convoquer les états généraux de Béarn, afin de faire sanctionner par cette assemblée l'édit royal qui rétablissait le culte de la religion catholique et rendait au clergé les biens qui lui avaient été enlevés sous le règne précédent. — En cas de refus, M. de Gramont était autorisé à recourir à la force pour l'entière exécution de sa charge.

L'auteur de l'*Histoire et Généalogie de la maison de Gramont* (Paris, Schlesinger frères, 1874, grand in-8° de 500 p.), rapporte que l'original de la commission royale est dans les archives de cette famille. « Avec elle, ajoute-« t-il, p. 181, se trouvent aussi cent cinquante circulaires datées du même « jour, écrites à la main et toutes signées du Roi, pour la convocation des

je pourrois tirer de ces pays, vous y pourvoirriés, je vous supplie très humblement m'accorder les commissions et despeches, desquelles led. dè La Taulade vous fera requeste de ma part, qui ne seront importantes pour retarder aucunement les effects de voz entreprinses et pourroint trop prejudicier au service de Sa Majesté et vostre, si la retraicte que plusieurs des sujets de Sad. Majesté font en ce canton leur demeuroit asseurée, pour les entreprinses et courses qu'ils font ordinairement sur ses terres, combien que j'espere avec vostre faveur les en desnicher dans peu de jours.

.Monseigneur, je supplie le Createur vous donner très bonne, très longue et très heureuse vye.

Vostre très humble, très obeyssant et fort fidelle serviteur,

A. DE GRAMONT.

A Bourdeaulx, ce xviiie jour de febvrier 1573.

1573. — 21 avril.
(Orig. — Bibl. nat., f. français, vol. 15557, fo 164.)

[M. DE SAINT ESTEBEN, GOUVERNEUR DE DAX, AU. DUC D'ANJOU.]

Monseigneur, Vous ayant faict entendre, par le moyen de la poste et adresse faicte au sieur de Montferran (1) dès le dix-huitiesme du present, du desastre advenu au sieur de Gramond,

« différents membres des États. Ces lettres de convocation n'ayant pu être « employées à cause de l'état des esprits, sont restées pour cette raison à « Bidache, dans les archives. »

A la date du 6 mars de la même année, on trouve dans le Recueil déjà cité des *Lettres missives d'Henri IV*, l'avis de la nomination de M. de Gramont au capitaine d'Espalungue. Le Roi y dit qu'il espère que le nouveau lieutenant général sera assisté de tous ses fidèles et loyaux serviteurs, « au nombre desquels, « continue-t-il, je vous ay tousjours tenu des plus anciens, et qui par ce « moyen doibt servir d'exemple aux aultres. A ceste cause je vous ay bien « voulu particulierement escrire la présente pour vous prier, capitaine Espa- « lungue, quand ledict sr de Gramont ira par delà, vous rendre souvent prez « de luy pour entendre à ce qui fera besoing pour mon service, recognoissant « l'auctorité que je luy ay donnée, aveques le respect que telle charge merite... »

(1) Charles de Montferrand, dont il est question ci-dessus.

qui est prisonnier en Bearn avecq d'aultres cappitaines et gentilshommes prins et captionnés au chasteau d'Hagetmau, comme je
vous ay discoru et escript et vous feroys entendre plus amplement
comme les choses passerent (1). A present vous ay volu tenir ma
promesse et assurer de lad. prinse et comme les Bearnoys ayant
assuré parlamantere avec led. s^r de Gramond, ly ayant baillé
assurance et bonne foy, a esté prins et rompu toute promesse. Et
à cause dud. emprisonnement survenu, le peuple est demeuré un
peu crainctif, n'ayant personne en ce pays pour leur faire teste,
si tant est qu'ils veullent continuer leurs pernitieuses deliberations.
Pour à quoy obvyer, vous supplie très humblement y pourvoir de
quelque notable personne pour commander et conserver les dangiers qui s'en pourroint ensuyvre. Monseigneur, je vous en escripts
à la requisition de plusieurs gentilshommes de ce pays: aussi n'ai-
je aucunes forces en la presente ville que les habitans, et attendant
voz commandemens, que je desire accomplir, je me tiendray sur
mes guardes, et ce pendant je prieray Dieu,

   Monseigneur, vous aulmenter en voz vertus et vous donner
longue et très heureuse vie.

Vostre très humble et très obeyssant serviteur,
JEHAN DE SAINCT ESTEBAN.

D'Acqs, ce xxie d'apvril, 1573.

---

(1) M. Tamizey de Larroque dans ses *Documents inédits pour servir à
l'Histoire de la ville de Dax*, Paris, 1883, in-8°, a publié plusieurs pièces relatives
à l'attaque du château d'Hagetmau par le baron d'Arros, et notamment une
lettre, en date du 26 avril 1573, adressée par les maire et jurats de la ville de
Dax au roi Charles IX, qui renferme quelques détails sur ce hardi coup de main :
« Sire, disent ces magistrats, nous avons prins hardiesse vous advertir comme
« vendredy dernier, dix septiesme du present mois d'avril, entre huict et neuf
« heures du matin, deux ou trois cens hommes Bearnois et autres de la nouvelle
« opinion, cohduictz par le baron d'Arros, estoint venus au lieu de Hagetmau
« et après avoir thué plusieurs gentilshommes et autres soldatz qui estoyent à
« la suite de Monsieur de Gramont seroient entrés dans son chasteau et faic_t
« prisonnier ledict seigneur et le sieur de Poyanne et autres gentilshommes e_t
« les menés au païs de Bearn où ils les detiennent encore ce jourd'huy. » — La
lettre du gouverneur de Dax est également mentionnée par M. Tamizey de
Larroque.

1573. — 22 AVRIL.

(Orig. — Bibl. nat., f. français, vol. 15557, f° 166.)

[LA COMTESSE DIANE DE GRAMONT (1) AU DUC D'ANJOU.]

Monseigneur, Tout presentement j'ay eu nouvelle de Monsr de Gramont, qui est prisonnier en Bearn, comme vous aurez entendu par ung homme que je vous ay despeché, et entre aultres choses il m'a commandé de vous donner advis de l'estat des affaires du dict païs et des entreprinses qui s'y dressent au desservice du Roy et vostre. Et d'aultant, Monseigneur, qu'il est à craindre que si promptement les effects de ces desseins ne soit empeschés, le service de Sa Majesté sera beaucoup interessé, j'ay bien voulu vous despescher ce porteur pour vous informer de tout ce qui s'est passé depuis ma derniere despesche et de beaucoup d'autres particularités desquelles je l'ay chargé, suyvant l'instruction que led. sieur de Gramont m'en a faite. Je vous supplie donc, Monseigneur, me faire ceste grace et faveur de l'oyr et entendre et qu'il vous plaize prevenir par vostre prudence le mal qui nous menasse en ce païs par les moyens que ced. porteur vous proposera.

Monseigneur, je supplie le Createur vous donner très bonne, très longue et très prospere vye.

Vostre très humble et très obeissante servante,

DIANES.

A d'Acqs, ce vingt deuxiesme jour d'avril 1573.

---

(1) Diane d'Andouins, Lescun, Hagetmau, comtesse de Louvigny, fille aînée et héritière de haut et puissant seigneur messire Paul d'Andouins, comte de Louvigny, chevalier des ordres du Roi, gentilhomme ordinaire de sa chambre, sénéchal de Béarn, tué au siège de Rouen en 1562, et de sa première femme Marguerite de Cauna. — Mariée à quatorze ans, par contrat du 13 août 1567, passé au château de Pau, avec messire Philibert de Gramont et de Toulongeon, comte de Guiche, qui devait mourir en 1580 des blessures reçues au siège de la Fère, Diane d'Andouins ne prit le nom romanesque de Corisande que lorsque commencèrent ses relations avec le futur Henri IV.

1573. — 23 AVRIL.

(Orig. Arch. de M. Lamothe à Puy-Laurens. — Imp. *Revue de Gasc.*, 1866.)

[LES MEMBRES

DU PARLEMENT DE BORDEAUX] A TRÈS HONORÉ Sᴿ, LE Sᴿ DE LA MOTE GONDRIN, CHEVALIER DE L'ORDRE DU ROY ET SENECHAL DES LANNES (1).

Très honoré sʳ, Vous estes assez adverty de la malheureuse execution faicte contre le sʳ de Gramont et autres de sa suite par les ennemis du Roy qui sont en Bearn. Lesquels comme nous pensons qu'ils ne puissent pas estre assez forts pour dresser armée, ils ne cesseront de brasser et faire toutes les surprinses qu'ils pourront pour courre le plat pays et entreprendre sur les villes et lieux qui sont sous vostre defense. Et combien que nous ayons jusques à present cogneu le bon zele que vous avez au service du Roy, toutesfois l'accroissement de leur malice doit augmenter en vous la prevoyance, vigilance et dexterité dont vous avez usé jusqu'à present, à quoi nous vous exhortons et vous l'enjoignons très expressement par ces presentes, pour le devoir de nos charges et pour l'affection que nous avons à la protection de l'estat de ce royaume, au bien des sujets de Sa Majesté, à votre gloire et reputation de laquelle vous nous trouverez amateurs pour louer et reconnoitre vos bons effects par tous les moyens que nous avons. Priant Dieu, très honoré sʳ, en santé vous donner longue vie.

Escript à Bourdeaulx en parlement et soubs le seing d'icelluy, le 23ᵉᵐᵉ avril 1573.

Les gens tenans le parlement du Roy à Bourdeaulx,

DE PONTAC.

(1) Bertrand de Pardaillan, seigneur de La Mothe Gondrin. Le 13 janvier précédent, il avait été pourvu de la charge de sénéchal des Lannes en remplacement de Pons de Pons, seigneur de La Caze. La Mothe Gondrin eut pour successeur, le 27 mai 1574, Charles de Caupenne d'Amou, déjà bailli et gouverneur du pays de Labourt (Arch. départ. de la Gironde, reg. B. 39, fᵒˢ 31 et 208).

1573. — 8 JUIN.

(Copie. — Bibl. nat., cabinet des titres, vol. 35.)

LE ROI DE NAVARRE AU BARON D'ARROS (1).]

Monsieur d'Arros, D'aultant que mes precedentes lectres et
le commandement que je vous ay faict cy devant pour la
delivrance de Monsr de Gramont n'ont point sorty l'effect que
je desirois, n'ayant receu l'obeissance que tout prince demande
de son subject, je vous envoye le sieur de Poigny, l'un de mes
chambellans, afin que par la confiance que j'ay de luy, estant
gentilhomme que j'estime et tiens près de ma persone, vous
adjoustiez plus de foy à ce qu'il vous dira de ma part, vous priant
le croyre comme moy-mesme, qui luy ay donné charge de vous
exprimer bien au vif ce que j'en ay dessus le cueur et d'entendre
particulierement voz raisons et ce qui pourroyt empescher la
liberté dud. s^r de Gramont et le restablissement de ce qui est
necessaire pour le repos de mon peuple, dont vous pourrez
conferer ensemble. Je me suys retenu quelques jours de respondre
à voz lectres que j'ay reçues par Mazelieres, mon secretaire,
et depuys par le courrier St Martin, attendant que de vous mesme
vinssiez à recongnoissance, soit par le respect de moy, ou le
conseil de vos amys, ou bien quelque autre bon instinct qui
vous feist effectuer le second commandement que vous en pouviez
attendre, sans me donner la paine de vous rechercher davantaige.
Mais je voy tout le contraire, qu'au lieu de mectre Monsieur
de Gramont en liberté, vous luy avez renforcé sa garde (2), et

(1) La pièce ci-dessus figure dans le tome VIII du Recueil déjà cité des
Lettres missives d'Henri IV, mais la *copie* fournie à M. B. de Xivrey est si
défectueuse que le sens réel de la lettre échappe au lecteur. Le généalogiste
d'Hozier ayant eu en ses mains l'original, nous avons cru devoir rapporter
la transcription qu'il en avait faite. Nous ne signalerons ni les variantes,
ni les changements de texte; ils seraient trop nombreux.

(2) M. L. Soulice (*Documents pour l'Histoire du protestantisme en Béarn*,
publiés dans le *Bulletin de la Société des Sciences, Lettres et Arts de Pau*, 2e série,
tome IV), nous apprend que M. de Gramont avait été enfermé dans la tour
d'Oloron, sous la garde des capitaines Cortade et Lamote. Après quoi, d'Arros

le tenez plus à destroict avec pire traictement qu'au commencement, dont il se treuve en danger de sa santé. Ce pendant
je n'ay pas esté oisif, ayant temporisé pour bien et meurement
considerer tout ce que m'avez escript par l'une et par l'autre
lectre vous excusant de sa prise et n'ay rien oublié des justi-
fications par vous alleguées que je ne les aye mises en la plus
juste ballance que l'on se puisse proposer pour les contrepoiser
à la griesveté de l'excez par vous commis; mais elles ne sont
point bastantes (1) pour effacer le mescontentement que justement je reçoy d'ung tel exploict attenté contre mon auctorité
et dignité souveraine, laquelle, au lieu de sa splendeur que vous
debvez conserver, se trouveroyt mise si bas et tellement foullée
aux piedz, qu'elle seroyt en mespriz à tout homme de jugement,
si je ne la relevois. Et par ainsy je ne puys, qu'avecques perte
et diminution de ma reputation, recevoir en payement voz
soupçons, vos jalousies et tous ces autres pretextes dont voulez
vous couvrir, lesquelz, ny chose que vous alleguiez quelque
apparence qu'elles ayent, je ne veulx ny ne mectray point en
compte pour y avoir aulcun egard, que n'ayez promist de
remecttre led. sieur de Gramont en sa premiere liberté. A ceste
cause, Monsr d'Arros, je veux, entends et ordonne que, promptement et sans differer, vous obeissiez au commandement et injonc-
tions que je vous ay cy devant faictes sans en attendre de
declaration, laquelle, je vous promectz, pourroit bien estre suivye
de si tristes evenemens que la memoyre n'en seroyt que trop
fascheuse à l'advenir. Mais ceste bonne opinion me reste encores
de vous que ne vouldrez tant attendre et me mettre en cest ennuy,
ains me promectz que vous y satisferez.

En quoy faisant, j'oubliray non seullement le desplaisir que
j'ay senty de ceste fascheuse entreprise, mais reprenant la
premiere reputation en laquelle je vous avoys, continueray la
mesme faveur et bonne volonté que je vous ay tousjours portée,
vous tenant pour bon subgect et fidelle serviteur. Ne faictes donc

avait chargé Mazelières, secrétaire du roi de Navarre et témoin de l'affaire
d'Hagetmau, de porter au prince une lettre dans laquelle il lui expliquait les
motifs d'ordre public qui avaient motivé sa conduite.

(1) Mot de la langue espagnole signifiant *suffisantes*.

faulte de donner aud. sieur de Gramont toute sureté requise pour
sa retraicte, luy ayant escript et mandé qu'il me vienne trouver
incontinent la part que je seray.

Au demeurant, si me voulez persuader et faire croyre combien
vous desirez conserver et maintenir mon estat et mes subgectz
et que le chemyn qu'avez pris ne tendoit à autre but, mettant
toutes choses passées dessoubz le pied et perdant l'oppinion qu'on
auroyt qu'elles eussent esté entreprinses à la devotion d'üng
party tant seulement, il est besoing que vous traictiez ung chacun
egallement, les remettant en leurs biens, afin que tous soyent
contens et d'une mesme volonté aspirent à m'obeir comme à
leur prince naturel et legitime, sans qu'auqun se puisse plaindre
de n'estre conservé par ma justice en ce qui lui appartient, estant
bien raisonnable ainsi que ceulx qui sont catholicques ayent
l'usaige et exercice ordinaire de leur religion ; à quoy je veulx,
Monsr d'Arros, puisque j'en fais profession et qu'en saine
conscience je ne les en puys priver, que vous y pourvoiyez de
sorte qu'ils ne soient empeschez ny molestez en icelle, que vous
y teniez la main avec tel ordre et reiglement que vous y sçaurez
bien donner; aultrement, si ne le faictes, je penseray certainement
que vous aurez vouleu non seullement empescher l'entrée de
mon païs aud. de Gramont, mais en bannir l'auctorité et l'obeissance qui m'est deue, laquelle selon que vous monstrerez promt
et voluntaire executeur de ceste mesme volonté, j'estimeray estre
en telle reverence qu'elle a par cy devant esté et que vous affirmés
estre encores. Et d'aultant que plusieurs, qui sont absens, pourroient doubter de leur seureté en leurs personnes ou biens, vous
ne fauldrez de les prendre soubz ma protection et sauvegarde
specialle; lesquelz, pour cest effect, je commectz en vostre garde,
permettant à ceulx qui ne voudront resider qu'ilz puissent
arrenter leurs fruictz, recuillir ou percevoir par telz que bon leur
semblera. Mesmement je veulx et entens que chacun soit remis
en la joyssance des droictz et jus-patronat qu'ilz ont, dont a
esté tant de querelles, affin qu'il ne puisse rester une seule
occasion qui donne mescontentement, vous donnant par la
presente plain pouvoir et auctorité de ce faire, avec certaine
asseurance que si vous l'executez vous me rendrez satisfaict et

vous continueray tout le bon traictement que sçauriez esperer de moy. Et pour fin, je vous diray que je trouve fort mauvais ce qu'on m'escriptz de toutes partz, que mes subgectz de Bearn et ceulx qui sont de leurs trouppes courent ordinairement les terres, pillent et rançonnent les subgectz du Roy, mon seigneur, dont je suys desplaisant, chose par moy si expressement deffendue pour estre contre le debvoir et obligation que j'ay à Sa Majesté, laquelle ne pourroyt souffrir d'estre plus offencée sans les en faire ressentir. Par tant je vous commande sur tout ce que vous me portez d'honneur et de respect et que craignez d'encourir mon indignation, les empescher et retenir, par tous moyens que vous pourrez, qu'ils ne se precipitent en telle temerité pour ne provocquer davantage son ire et son courroux et de Monsieur, eleu roy de Polongne, et de mestre sur vous des forces insuportables qui vous peseroint sur les bras et causeroint en mon pays une totalle ruyne, laquelle j'ay destournée jusques icy pour le desir que j'ay eu de vous conserver et garder. Et pour ce que led. sieur de Poigny vous fera plus amplement entendre toutes particularitez, ayant commandé au sieur de Ravignan (1) et au recepveur Preugues l'accompagner et assister, je ne vous en diray davantaige pour faire fin, et prier Dieu, Monsr d'Arros, vous avoir en sainte et digne garde.

Escript au camp de Nyeul, près la Rochelle, le viie jour de juin 1573.

Vostre bon mestre et amy,
HENRY.

(De la main du Roi). Je vous prie croire se qu'il vous dira de ma par car je luy ey dit ma volonté particulierement.

---

(1) Pierre de Mesmes, seigneur de Ravignan, conseiller de la défunte reine de Navarre, et qui, quelques années après, fut nommé président du conseil souverain de Béarn.

1573. — 14 JUIN.

(Orig. Arch. de M. Lamote à Puy-Laurens. — Impr. *Revue de Gasc.* 1866.)

[LE ROI CHARLES IX] A MONSIEUR DE LA MOTHE-GONDRIN.

Monsieur de La Mothe, j'ai vu par vos lettres du 29^{esme} du mois passé les desordres et pilleries que font ceux du pays de Bearn sur mes sujets depuis la prise du s^r de Grantmont, dont je suis bien marry, et vous dirai que ç'a esté bien fait à vous de demourer par delà pour donner ordre à ce qu'il vous seroit possible, suivant la charge que vous en donna mon cousin l'admiral, lequel m'a escript qu'il s'en alloit par delà et y pourvoira à toutes choses qu'il verra estres necessaires pour le bien de mon service, repos et soulagement de mes sujets, comme je vous prie de vostre part vous y employer, cependant, de vostre pouvoir. J'avois au demourant esté adverti de ce qui est advenu en ma ville de Bayonne auparavant la reception de vos lettres du 29^{esme} du mois passé, et y avois pourvu ainsi que j'ai pensé qu'il estoit necessaire pour le bien de mes affaires et service, de sorte que j'espere qu'il n'en adviendra aucun inconvenient, vous priant continuer à me donner advis que vous verrez appartenir et toucher au bien de mes affaires et service comme vous avez fait ci-devant, priant Dieu, Monsieur de La Mothe, vous avoir en sa sainte et digne garde.

Escript de Monceaulx le 14^{esme} jour de juin 1573.

CHARLES.

1573. — 29 JUIN.

(Imp. — *Bulletin de la Société des Sciences, Lettres et Arts de Pau*) (1).

[LE ROI DE NAVARRE AU BARON D'ARROS.]

Monsr Darros, J'espere tant de vostre prudence et bon conseil que vous aurés avisé me rendre satisfait par M. de Poigni de ce

---

(1) Avec une bonne grâce dont nous lui sommes particulièrement reconnaissant, M. L. Soulice a bien voulu nous autoriser à reproduire ce document et les suivants, qui, avec quelques autres, font partie de l'ouvrage déjà cité : *Documents pour l'histoire du protestantisme en Béarn.*

qu'il aura negocié avec vous de ma part tant pour le bien et repos de nostre pays souverain que pour la delivrance de M. de Gramon. Cependant attendant le retour dud. sieur de Poigny, je vous ay bien voulu faire entendre l'accord et pacification qui a esté faite avec ceux de La Rochelle, tant pour eux particulierement que generalement pour tout ce royaume : or comme ceste paix a esté desirée et bien necessaire en ced. royaume, je ne la desire pas moins en nostre dit pays où il me semble qu'elle est encore plus requise, et partant je vous prie travailler plus que jamais à la faire et ce pendant pourvoir à la delivrance dudit sieur de Gramon, le plus tost que faire se pourra, comme je le vous ay mandé et mande encore par la presente et esperant qu'ainsi le ferés, prieray Dieu, Monsr Darros, vous tenir en sa sainte garde.

Vostre bon maistre et ami,
HENRY.

De Nieuil près Larochelle, le 29 de juin 1573.

1573. — 2 JUILLET.

(Imp. — *Bulletin de la Société des Sciences, Lettres et Arts de Pau.*)

[LE BARON D'ARROS AU ROI DE NAVARRE.]

Sire, je suis merveilleusement estonné que le long essai que vos predecesseurs et vous avés fait de ma fidellité es charges grandes et importantes, le tesmoignage et asseurance que je vous en ay donné par les lettres que ci-devant je vous ay escrit, plaines de la sincerité de mon intention et justice de mes actions, n'eust permis que ma reputation ancienne de très fidelle et très obeissant sujet et serviteur, acquise par longues années et par plusieurs et louables effects, soit mise en dispute et controverse, ainsi que j'ay aperceu tant en la lettre qu'il vous a pleu de m'escrire par M. de Poigni qu'en sa creance; mais c'est la nature du temps miserable et calamiteux de continuer ses malheureux et pernicieux commencemens en la foule et oppression des gens de bien, d'honneur et de vertu, et par l'artifice de ses ouvriers importuns et pires que lui, de vouloir effacer leur gloire et louange; si est-ce que je ne me lasserai jamais en la suite de mes premiers sentiers et ne flechirai jamais soubs le faix, mais, comme la palme, je resisterai à la presse et à la charge de ce travail et tormen pour le service de V. M., d'autant que je suis reproché de desobeissance et infidelité, tant pour l'entreprise faite sur M. de Gramon, courses et invasions faites es terres du roy en le prenant, que pour la difficulté que j'ay fait en sa delivrance. Sire, je pourrois pour satisfaction et justice de mon innocence reprendre les particularités dè ceste entreprise que ci devant je vous ay representé, mais je m'en departerai pour ne vous ennuyer de redites en une trop longue lettre de chose si amplement dite et redite, suppliant très humblement V. M. de croire que les seules jalousies et soubsons ne m'ont fait entreprendre cette execution de si grande consequence et importance contre un seigneur que toute ma vie et sur touts autres j'ai aimé, estimé et honoré, mais ce sont ses artifices mesmes et pratiques pour l'invasion et surprise de cest estat prochaines de l'execution et par lesquelles la division et discorde estoient dejà semées au cœur de vos sujets et plantées au milieu de vostre pays pour le ruiner de fons en comble. V. M., Sire, peut dispenser sur ceste façon de faire, mais le devoir de ma charge estoit d'y resister et remedier aux despens et hasard de ma vie. Les princes peuvent quitter et remettre leurs injures, mais leurs lieutenans ou representans leurs personnes doivent en leur absence non seullement s'y opposer, mais les vanger et punir. Je ne pouvois d'autre part envahir led. sieur de Gramon en autre terre qu'en celle où il tramoit et conspiroit l'invasion de celle-ci, m'estant persuadé qu'il ne le pouvoit estre trouvé mauvais, puisque cela appartenoit à vostre grandeur et conservation de vostre estat; car de l'attendre en ce pays, divisé par ses trames et complots, eust esté favoriser leur execution et ses desseins et permettre chose reprochable à moi et dommageable à vostre estat. Je suis certain, Sire, que les uns, ou pour affection particuliere qu'ils ont aud. sieur de Gramon, ou pour inimitié qu'ils portent à ce pays et à moi particulierement, et les autres pour ce que les affaires d'estat ne les touchent et encore moins les vostres, tachent à desguiser ce qui estoit du devoir de ma charge et à excuser et couvrir les projets dud. sieur de Gramon; mais les personnes saines discourent autrement des maladies que les malades, et les princes autrement des affaires d'estat que les publiques. Dieu m'a fait ceste grace que de m'avoir fait cognoistre la raison que V. M. me peut demander de ma charge et celle que je dois rendre. C'est pourquoi je ne me travaillerai pas de satisfaire à beaucoup d'importuns qui ne se soucient quelle route vostre navire preine, mais de la guider et gouverner ainsi que le service de V. M., bien et repos de vos sujets et mon devoir le requerent. Par quoi, Sire, V. M. pourra juger la juste occasion que j'ai eu de retarder et differer la delivrance, sachant que le cœur des passionés, si frechement ensorcellé de plusieurs impressions prejudiciables à vostre estat, ne se prepare pas si tost à quelque bon amandement, et craignant que par une si soudaine delivrance ils ne feussent ou confirmés en leur premiere temerité ou rendus plus audacieux et temeraires, protestant devant Dieu et ses anges qu'il n'y a rien que j'ay tant desiré que le retour dud. sieur de Gramon en sa maison, si, justement, legitimement et sans crainte d'endommager vostre estat, je l'eusse peu accorder, qui n'est souhait ou desir d'ennemi dudit sieur de Gramon ni crainte de sujet infidelle ni desobeissant à son prince. Je sçai bien que plusieurs qui ne m'aiment et qui aiment peut estre plus led. sieur de Gramon que vostre service, se metront en peine de vous persuader que ce sont propos plus d'aquit que de verité, mais ceux là s'apercevront en quel devoir je me metrai pour leur faire sentir la verité de ma parolle et l'integrité de ma fidellité, lorsqu'ils entreprendront contre vostre estat en quelque lieu où j'aurai commandement soubs vostre autorité. Au surplus, je loue Dieu, Sire, qui m'a fait ceste grace de pouvoir tesmoigner non seulement de bouche et par escrit mais par œuvre et par effect le devoir auquel je suis entré pour la delivrance du sieur de Gramon, lorsque je me suis apperceu que vous la desiriés et que j'ay sur ce receu vostre commandement, ayant tousjours depuis et sans cesse recherché comme vostre très humble sujet et très fidelle ministre de vos volontés et intentions, touts moyens et conditions qui pouvoient faire retourner led. sieur de Gramon

en sa maison sans porter un repentir à cest estat, et pour cest
effect j'ai esté bien avant en traité avec lui, qui de soi mesme
s'estoit avisé d'offrir et presenter un serment et promesse de
n'attenter jamais contre la religion reformée ni vostre estat avec
armes ni autrement, directement ou indirectement, et de bailler
en ostages ses deux enfants puinés pour asseurance de cette
promesse. Je n'ay vouleu ni n'ay osé passer outre en ceste
negociation depuis la venue du sieur de Poigni, après avoir veu
vostre lettre et entendu sa creance sans le vous faire entendre,
n'ayant peu recevoir satisfaction ni resolution de ladite creance
pour ce regard, veu qu'à son partement vous n'en aviez encore
entendu nouvelles, et que par ainsi elle ne pouvoit appartenir
ni estre estendue à ceste negociation et ne pouvoit sur ce avoir
receu de vous instructions. C'est pourquoi je l'ai estimé digne
de vous estre escrite et amplement discourue et pour cest effect
j'ai voulu despecher vers V. M. le sieur de Munein avec le sieur
de Poigni (1), pour sur icelle estre fait certain de vostre intention
et volonté, pour après continuer de reigler ce traité ainsi que
l'honneur de Dieu, le service de V. M., le bien et le repos de
vos sujets le requerent. Ce pendant led. sieur de Gramon recevra
tel traitement qu'il ne trouvera rien à dire de sa premiere liberté
que sa maison, comme il n'a fait jusques ici, quelque persuasion
qu'on vous aye voulu faire au contraire, ne lui ayant ordonné
garde que pour sa grandeur et seureté de sa personne, qui est
chose ordinairement pratiquée entre gens de guerre qu'on a en
quelque estime, vous pouvant au surplus rendre certain, Sire,
que vos sujets de quelque religion qu'ils soient sont poisés à

---

(1) Les archives des Basses-Pyrénées (B. 2213) conservent une ordonnance
d'Henri de Navarre, du 25 novembre 1574, allouant à M. de Poigny une somme
de « cent escus pistollets » pour frais du voyage qu'il fit en Béarn lorsque
le comte de Gramont y était prisonnier.

Le capitaine Munein reçut à diverses reprises, pour frais de son voyage fait
sur des chevaux de poste, en compagnie du sieur de Rambouillet :

« Cent quadernes de testons, qui font deux cent cinquante livres tournois.

« Six vingt carnes testons valant, à cinquante deux sous tournois par chaque
carne, trois cent douze livres tournois.

« Trente sept escus sols, à cinquante six sols tournois piece » (Arch. des B.-P.,
B. 2197). [Note de M. L. Soulice.]

mesme balance et mesurés à mesme mesure, jouissans de leurs
biens sans aucun empcchement et difference de religion : que
s'il s'en trouve qui s'en soient absentés, ç'a esté par des vaines
et supposées occasions et procurées fantasies ou pour monopoler
avec leurs comploteurs l'eversion de cet estat ; cependant, il ne
tient qu'à eux où qu'ils ne retournent en leurs maisons ou qu'ils
ne jouissent de leurs biens, sachant qu'il n'y a rien plus pernicieux en l'estat que la partialité, de laquelle, comme j'ay esté
tousjours, je serai ennemi capital à l'avenir. — Pour le regard
de l'exercice de la religion de ces absens et droits de patronages,
il n'y en a point qui se soient presentés pour en faire instance :
toutefois, Sire, il plaira à V. M. de se souvenir avec quelle
autorité et solennité l'edict appartenant à ces deux articles a
esté accordé et publié, et prendre en bonne part si je vous dis
que ce n'est à moi d'y toucher, estimant estre de mon devoir
de remettre cest estat en vos mains, quand l'occasion se presentera, sans aucune innovation de l'ordre et police establie par
la feue Reyne, vostre mere, et depuis par vous autorisée et
confirmée. Je ne doubte pas que plusieurs remueurs de l'estat
ne tachent de blamer et calomnier l'opinion que j'ai de ce devoir
et de supposer quelque cause de particuliere commodité ; mais,
Sire, je supplie très humblement V. M. de croire qu'elle ne
procede ni de mon interest particulier, ni de passion desordonnée,
de quoi je ne sçaurrois faire plus grande demonstration qu'en
vous asseurant, qu'après avoir receu cest heur que de vous voir
en ce pays et remis ceste charge en vos mains, je ne serai jamais
tant aise que de voir quelque seigneur et gentilhomme d'honneur
et de vertu honoré d'icelle. Je ne sçai au surplus qui peut estre
l'auteur du rapport des courses que vous dites avoir esté faites
sur les terres du roy. Je n'ai eu onques rien en plus grande
recommandation que de retenir vos sujets en leur devoir et es
limites et bornes de ce pays, avec inhibitions et deffences de
ne courir les dites terres, à quoi ils ont rendu l'obeissance que
j'en pouvois desirer et jusques à ce qu'ils ont esté outrageusement
provoqués, comme ils sont encore tous les jours par des courses
ordinaires que font les sujets du roy, pour lesquels chasser hors
de vos pays ils pourroient, en les poursuivant, avoir esté trouvés

hors d'iceux.' Je continuerai au surplus, avec l'aide de Dieu, pour ce regard et tout autre qui vous sera serviable le maniement de cest estat au contentement de V. M. et selon l'obligation de mon devoir.

A Pau, le mercredi 2 de juillet 1573 (1).

———

1573. — 9 JUILLET.

(Imp. — *Bulletin de la Société des Sciences, Lettres et Arts de Pau.*)

[LE BARON D'ARROS AU ROI DE NAVARRE.]

Sire, M. de Poigni s'estoit desjà acheminé vers V. M. avec les lettres de creance desquelles il avoit voulu se charger et l'avois accompagné du capitaine Munein avec aucunes remontrances que je suppliai très humblement V. M. prendre en bonne part; mais estant à Ortès, il rencontra un huissier Mingeon (2), duquel ayant receu les bonnes nouvelles de paix qu'il vous plaisoit nous mander, il retourna encore pour entendre si telles nouvelles apporteroient nouveau conseil. Nous avons touts loué Dieu et le louons, Sire, de tout nostre cœur de la sainte affection qu'il lui a pleu donner au Roy, au roy de Pologne, à vous et autres princes de son sang et de son conseil, de changer ceste maudite et calamiteuse guerre en une heureuse et durable paix pour la France. Pareillement je remercie très humblement V. M. du soin qu'elle demonstre avoir de faire ses pays et ses sujets jouissans de semblable benefice; c'est chose qui doibt estre autant douce et agreable et de bonne esperance à touts les gens de bien que le contraire estoit odieux, prejudiciable et plain de desolation. Dieu veuille donc, Sire, benir ce bon commencement de telle sorte que sa gloire en soit avancée,

———

(1) A la suite de cette pièce, M. L. Soulice rapporte encore une lettre du roi de Navarre, dans laquelle le prince, après avoir fait part à son lieutenant « de l'accord et pacification qui a esté faite avec ceux de La Rochelle », l'engage de nouveau à rendre liberté pleine et entière à M. de Gramont.

(2) Menyou Darribey, huissier du conseil privé de S. M., reçut pour frais de son voyage « 30 escus à 56 sols tournois pièce, outre la somme de 75 livres « tournois » (Arch. des B.-P., B. 2197). [*Note de M. Soulice.*]

V. M. satisfaite et son pauvre peuple remis en meilleur repos. De quoi nous esperons de voir bien tost les meilleurs effects moyennant la grace de Dieu et par le moyen de vostre grande bonté, singuliere prudence et excellent jugement, auquel je remets la discretion des choses qui m'ont semblé dignes d'estre très humblement proposées à V. M. pour l'execution de ses commandemens qui concernent tant l'eslargissement de M. de Gramon que l'establissement du repos de vostre dict pays, affin que le tout soit manié avec le respect deu à vostre grandeur et souveraine autorité et avec la dignité et solennité requise en tels actes pour la seureté et contentement de touts. Il vous plaira donc, Sire, entendre nos très humbles supplications par led. sieur de Poigni, de la fidellité et bonne affection duquel à vostre service j'ai telle persuasion qu'il ne faudra point de vous representer naifvement l'equité de nos demandes, la sincerité de nos intentions et le très ardant desir que nous avons de surpasser touts autres sujets de la terre en amour et reverence de nostre prince, selon le commandement de Cellui qui vous a constitué tel sur nous et nous a sousmis à vostre sousjection et obeissance.

Expediée à Pau le 9ᵉ juillet 1573, baillée à M. de Rambouillet.

Créance baillée par escrit à M. de Poigni par M. d'Arros.

J'ay prié M. de Poigny de remonstrer à la Majesté du roy, mon maistre, que je desire autant la liberté et le repos de M. de Gramon que de gentilhomme du monde, et que l'ennui et peine de sa prison ne lui a esté guere plus dure qu'elle a esté et est à moy, mais qu'ayant pour ce regard postposé toutes autres considerations et affections privées à l'interest du service de S. M. et tranquillité dé ce pays, j'ay pensé et ainsi a esté avisé par touts les meilleurs serviteurs et conseillers de deçà, que puisque Dieu nous faisoit la grace à touts de toucher le cœur du roy, semblablement cellui dud. seigneur roy mon maistre d'un vray desir d'establir une bonne et durable paix en leurs royaumes, il appartenoit tant à leur dignité et autorité qu'à leur seureté et fermeté de lad. paix que toutes choses faites en ceste guerre feussent abolies pour avoir esté faites par le zele de son service, ni ayant autre moyen d'arracher des cœurs et entendemens des hommes les soubçons de crainte de quelque renouvellement de querelle à l'avenir que cellui-ci :

A savoir que S. M. fasse une mesme loi d'amnistie en ses pays que le roy a fait et pratiqué aux siens, avouant touts actes d'hostilité, qui ont esté exercés selon la malice du temps, estre procedés du zele de son service et jalousie de son estat et de necessité d'user des armes pour la conservation de toutes choses en leur entier (1).

A ceste cause le bon plaisir de S. M. sera de m'avouer et autoriser en l'execution faite sur M. de Gramon et de ce qui s'en est ensuivi, ensemble ceux qui, par mon commandement, s'y seront trouvés, et sur ce declarer sa volonté et intention en telle façon que ni moi ni ceux qui en ceste prise m'ont obei, n'en puissent estre inquietés, molestés ou recherchés en façon que ce soit par led. sieur de Gramon ou autres à l'avenir.

1573. — 9 JUILLET.

(Imp. — *Bulletin de la Société des Sciences, Lettres et Arts de Pau.*)

[LE BARON D'ARROS AU ROI DE NAVARRE.]

Sire, j'eusse promptement executé le commandement que V. M. m'a fait de la tenue des Estats de vos pays, si j'eusse pu recouvrer de M. de Gramon les lettres qu'il vous avoit pleu lui donner pour la convoquation; mais quand elles lui ont esté demandées tant par moi que par les gens de vostre chambre des comptes, il a respondu qu'elles estoient perdues, ce qui portera retardement jusques à tant que V. M. m'en aye envoyé d'autres, et à la verité lesd. Estats n'eussent pu estre tenus durant la recolte des fruits, sans grande incommodité de votre peuple. Il vous plaira donc me faire cest honneur de me mander tant sur cella que autres choses vos

---

(1) M. Soulice fait très justement remarquer que si d'Arros souhaitait une rémission générale, ce n'était pas tant parce que lui-même s'avouait coupable que pour ôter à ses ennemis tout moyen de l'accuser de l'être.

commandemens auxquels je rendrai la très humble obeissance que je dois.

Expediée par lettre à part, à Pau, le 9 de juillet 1573, baillée au capitaine Munein.

1573. — 3 AOUT.

(Imp. — *Bulletin de la Société des Sciences, Lettres et Arts de Pau*, t. IV.)

[TRAITÉ
ENTRE LE BARON D'ARROS ET LE COMTE DE GRAMONT.]

Ce sont les articles de la capitulation faite entre Bernard, seigneur et baron Darros et de Rode, lieutenant general representant la personne du Roy en ses royaume de Navarre et pays souverain de Bearn, d'une part;

Et Antoine, seigneur de Gramon, chevalier de l'ordre du roy de France et capitaine de cinquante hommes de ses ordonnances, d'autre.

D'autant que led. sieur Darros, esmeu du zele du service de Dieu et de son prince et persuadé de plusieurs occasions que la misere du temps, la malice des hommes, la calamité de la guerre environnant de toutes parts le pays de Bearn et la jalousie de cest estat lui representoient, auroit fait faire prisonnier de guerre à main armée led. sieur de Gramon, et qu'en le prenant les capitaines et soldats pourroient avoir porté dommage tant es meubles appartenans aud. sieur de Gramon, des gens de sa suite que des gentilshommes et autres personnes qui l'estoient allés voir et trouver, et plusieurs autres ruines s'en seroient ensuivies que la guerre a accoustumé de trainer après soy. Pour raison de quoy quelques uns mal affectionnés envers led. sieur Darros et autres de sa suite, impatiens du repos et tranquillité publique, particuliere et privée, voudroient en pervertissant toutes loix et articles de guerre et de paix à l'avenir, susciter des debats et querelles qui pourroient causer beaucoup d'inconveniens; led. sieur Darros y a bien voulu remedier par les articles de ceste capitulation, encore qu'elle ne feust necessaire, veu la justice de

sa bonne intention et executée à main armée et en forme et façon
de guerre.

Premierement, led. sieur de Gramon a juré au nom du grand
Dieu vivant et sur la foi d'homme de bien et de gentilhomme
d'honneur et de vertu, qu'il n'intentera ou faira intenter jamais
action ni accusation aucune, en quelque pays et royaume que
ce soit, devant quelconque juge, magistrat ou cour souveraine,
grand ou privé conseil du roy, princes et seigneurs, contre led.
sieur Darros (1), capitaines, soldats ou autres qui se sont trouvés
à sa prise, tant pour raison d'icelle que pour la repetition des
meubles de quelque espece qu'ils puissent estre, precieux et non
precieux, qui ont esté prins en sa maison et lieux circonvoisins
d'icelle, tant à lui appartenans qu'aux gens de sa famille et
suite et autres gentilshommes qui l'estoient allé voir et trouver,
ni pour raison d'iceux les inquieter ou molester, ainsi les en
a aquités et dechargés par le present et promet soubs la mesme
foy les en aquiter et decharger à l'avenir et en tous temps et
lieu qu'il en sera requis, et rendre faisans Madame de Gramon (2),
le sieur comte de Guixen (3), madamoiselle sa femme (4) et touts

(1) On voit quelle créance l'on peut ajouter à la légende de d'Aubigné qui
parle d'un *vieil seigneur, nommé Auros, qui aïant passé quatre vingts ans
était devenu aveugle.* Au dire de cet historien, d'Arros aurait confié à son fils
le soin de l'expédition d'Hagetmau ; l'attaque aurait eu lieu la nuit et Gramont
n'aurait été épargné que sur les prières de Corisande d'Andouins, qui, tout
éplorée, se serait jetée aux genoux du vainqueur. — Les documents qui com-
posent cette seconde partie contredisent entièrement le récit de d'Aubigné,
reproduit par Mézeray. Ce fut bien d'Arros lui-même qui présida à l'exécution
de la ruse de guerre qui fit tomber entre ses mains le château d'Hagetmau
et les seigneurs catholiques qui s'y trouvaient ; cet événement eut lieu le
17 avril, *entre huict et neuf heures du matin.* — Donc pas ne fut besoin au
vieux baron de crier à son fils, lui amenant M. de Gramont enchaîné : *Tu as
laissé vivre ce Nicanor ! tu devais le tuer; c'est un corbeau qui te crèvera les
yeux.*
(2) Hélène de Clermont, dame de Traves, Toulongeon et Saint Cheron,
appelée dans sa jeunesse *la belle de Traves,* comtesse douairière de Gramont,
fille unique de François de Clermont, seigneur de Traves et de Toulongeon,
et d'Anne Hélène de Gouffier.
(3) Philibert de Gramont et de Toulongeon. La seigneurie de Guiche avait
été érigée en comté par le roi Charles IX, le 23 décembre 1563. Outre la terre
de ce nom, le comté de Guiche comprenait encore les seigneuries de Bardos,
Urt, Sames, Saint-Pé et Briscous.
(4) Corisande d'Andouins, comtesse de Louvigny.

autres de sa famille et suite, auxquels il promet faire ratifier le contenu en la presente capitulation en ce qui concerne lesd. meubles et relever indemnes led. sieur Darros, capitaines et soldats envers eux pour ce regard, tant de principal que despens, dommages et interests, et par tant que besoin seroit leur faire cession et transport desd. meubles quels qu'ils soient pour le droit de sa rançon, ensemble de la depence, solde de gens de guerre et autres frais et mises, faites tant pour sa conduite en la ville d'Ortès, que pour sa garde en la ville d'Oloron et presente ville de Pau (1).

Et d'autant que le plus souvent, comme les affections et passions des hommes sont diverses, les jugemens sont pareillement divers et contraires et que diversement les hommes jugent les actions les uns des autres, et que led. sieur de Gramon voudroit à l'avenir pour raison de ceste prinse pretendre injure et en demander et poursuivre reparation; comme pareillement led. sieur Darros pourroit à l'avenir se ressentir de plusieurs choses faites et dites tant sur le point de lad. prise que de plusieurs choses qui pourroient esmouvoir beaucoup de seditions et querelles qui pourroient grandement endommager le pays et tranquillité publique, les d. sieurs Darros et de Gramon protestent au Dieu vivant et sur la foy de gentilhomme d'honneur et de vertu, de ne invoquer jamais à injure tant lad. prise que chose faite et dite sur icelle ni depuis et ce qui s'en est ensuivi et n'en faire instance ou poursuite, ains d'oublier respectivement tout ce qui s'est passé et le rapporter à la misere et calamité du temps.

Item, encore que le bruit soit de la paix establie en France, toutes fois d'autant qu'on ne void encore les fruits par une publiquation ni autrement, par incertitude d'icelle, led. sieur de Gramon a promis et promet, sur la mesme foy et serment, de ne prendre jamais charge ou entreprendre, procurer ou negocier chose quelconque, directement ou indirectement, en quelque

---

(1) Ce butin ne fut probablement pas employé ainsi qu'il est stipulé ici, puisque les jurats d'Oloron durent emprunter une somme de 2,678 francs pour payer les capitaines Cortade et Lamothe, ainsi que les soldats chargés de la garde de Gramont. (*Note de M. L. Soulice.*)

maniere que ce soit, ni en aucun temps de paix ou de guerre, contre la religion reformée (1).

Item, et où les roys, princes et potentats le voudroient absoudre et dispenser, tant pour le contenu au present contrat que de sad. foy et serment sur icellui intervenu, led. sieur de Gramon promet au Dieu vivant et en foy de gentilhomme d'honneur et de vertu, de ne s'aider de lad. decharge, absolution et dispence, ou de quelconque autre chose qui pourroit violer la presente capitulation.

Item, promet soubs mesme serment et sur mesme foy d'homme de bien et gentilhomme d'honneur et de vertu, de ne s'aider jamais de remede aucun de loi ou de coustume contre la teneur d'icelle capitulation et de ne le debattre en nullité, comme faite avec prisonnier, à quoi il a renoncé expressement et protesté devant Dieu et ses anges de la maintenir et entretenir.

Et d'autant que led. sieur de Gramon auroit fait quelque demonstration de mal talent qu'il a contre le capitaine Lamote l'ainé et M° Jean de Frexo, conseiller du roy de Navarre, qui avoient esté deputés par led. sieur Darros vers led. sieur de Gramon avec instructions, leur voulant imputer la plus grande cause de sa prise, led. sieur de Gramon, sur l'asseurance qui lui en a donné led. sieur Darros de leur innocence, a, sur mesme foy et serment, juré et promis de laisser et despouiller ledit mal talent ni leur en demander... ou reprocher jamais chose quelconque, leur remetant et quittant toute mauvaise volonté qu'il pourroit avoir conceue pour ce regard contre eux.

Aujourd'huy, troisieme du mois d'aout 1573, ont esté presens en leurs personnes hauts et puissants seigneurs Bernard, seigneur et baron Darros et de Rode, lieutenant general representant la

---

(1) Cette derniere promesse, arrachée par la contrainte, ne fut naturellement pas tenue. L'hiver suivant, d'Arros, continuant ses courses sur les catholiques, donna la main au capitaine Lizier et s'empara de Tarbes. Gramont, soutenu par des troupes détachées du corps d'armée de La Valette et renforcé de quatre pièces de canon que d'Antras, seigneur de Cornac, lui amena de Marciac, occupa militairement le pays. La ville de Tarbes fut reprise et les huguenots chassés du Bigorre. « Le conseil souverain de Béarn décreta de prise de corps les « seigneurs de Gramont père et fils, et faute à eux de se présenter, il ordonna « la saisie de leurs biens et la vente de leurs meubles. Ils eurent recours « au roi, qui les prit sous sa protection par des lettres patentes adressées au « conseil souverain, et tout fut fini » (*Hist. manuscrite*, citée par M. L. Soulice).

personne du roy en ses royaume de Navarre et pays souverain de Bearn, d'une part, et Antoine, seigneur de Gramon, chevalier de l'ordre du roy de France et capitaine de cinquante lances de ses ordonnances, d'autre ; lesquels, de leurs bonnes volontés, ont presté le serment et juré au Dieu vivant et en foy d'hommes de bien, gentilhommes d'honneur et de vertu, de garder, observer et entretenir de point en point suivant leur forme et teneur, les articles de la capitulation entre eux faite, ci dessus escrite, qui ont esté leus et donnés à entendre de mot à mot, lesquels aussi led. seigneur de Gramon a promis et juré de faire avouer, ratifier et approuver à Madame de Gramon, au sieur comte de Guixe et à madamoiselle sa femme, soudain qu'icellui seigneur de Gramon sera de retour à sa maison.

En foy de quoi lesd. seigneurs se sont soubssignés au dedans le chateau de Pau, es presence de messieurs du conseil ordinaire seant aud. Pau, assemblés en corps à ces fins, et de nobles Arnaud, seigneur d'Artiguelouve et d'Aubertin (1) ; Arnaud de Navailles, escuyer, fils de la maison seigneuriale de Labatut (2) ; Ogier d'Osieu, escuyer, sieur de Blancastet (3) ; les capitaines Laborde et Lamote le jeune.

Ainsi signés à l'original : A. de Gramon, Darros, de Casa-Adayton, Artiguelouve, Navailles, Lamote, Laborde, et plus bas, par exprès commandement dud. seigneur Darros, lieutenant general, je me suis soubssigné comme secretaire ordinaire du roy.

Signé, SPONDE.

Collationné à l'original qui a esté représenté par M⁹ Arnaud d'Oihenard, intendant des affaires de M. le duc de Gramon, et

---

(1) Cet Arnaud d'Artiguelouve était fils de ce capitaine d'Artiguelouve, colonel de cinq enseignes gasconnes, dont Du Bellai cite la belle conduite lors de l'expédition de Naples, en 1528. Monluc servait alors sous les ordres du capitaine d'Artiguelouve (*Comment.*, I, p. 49, 91 et 99).

(2) Arnaud de Navailles, seigneur de Peyruilh, dont il a été question dans la première partie de ce récit.

(3) Auger de Lavardac d'Aysieu, seigneur de Blancastet, dit le capitaine Blancastet. Voir sur ce personnage les *Mémoires de Jean d'Antras*.

par lui ce mesme temps retiré, et s'est signé avec nous. Fait
à Saint-Palais par nous, notaires royaux en la senechaussée de
Navarre, le 14 novembre 1664. Signé :. d'Oihenard, pour avoir
retiré l'original; de Sarrabere, notaire royal.

1575. — 10 MAI.

(Copie. — Bibl. nat., cabinet des titres, vol. 35.)

[DÉCHARGE

POUR LE SIEUR BARON D'ARROS DE SON MANDAT DE LIEUTENANT
GÉNÉRAL AU ROYAUME DE NAVARRE ET PAYS SOUVERAIN DE
BÉARN.]

Henry, par la grace de Dieu, Roy de Navarre, seigneur souverain de Bearn et de Donezan, duc de Vendomois, de Beaumont et
d'Albret, etc... à tous ceux qui ces presentes lettres verront, salut :

Comme cy devant nostre très cher et bien aimé le sieur d'Arros,
nostre conseiller et chambellan ordinaire, par la feue Royne,
nostre très honorée dame et mere, durant son absance, eust esté
ordonné lieutenant general et gouverneur tant en nos royaume que
pays souverain de Bearn; et, après le trespas d'icelle nostre dicte
dame et mere, par nous continué, pour y faire et exercer ladicte
charge et estat de nostre lieutenant general, comme il a fait
jusques à present avec telle fidelité, integrité et dexterité que nous
pouvons desirer d'un personnaige digne d'ung tel honneur et
estat, pour en iceluy representer nostre personne, et en nostre
nom et aucthorité, ès occurances et necessités de nostre service, y
ayt faict assembler en armées tel nombre de nos subgects qu'il a
advisé, et iceux employez, tant en nos ditz païs et conservation de
nostre estat, et neantmoings ordonné sur la munition et fortifica-
tions de nos villes et places fortes de toutes choses necessaires,
tant en nostre royaulme que païs souverain, ensemble de toutes et
chascunes nos finances et autres deniers publicques, depots judi-
ciaires et autres particuliers et faict plusieurs autres commandemens et exploictz, tant pour le faict de la guerre que autres,
comme l'occasion et necessité l'auroit requis ; et depuis, à cause de

l'indisposition dudict sieur d'Arros et à sa priere et requesté, nous
ayons, en son lieu et place, mis et ordonné nostre très cher et bien
aimé cousin le sieur de Miossens, premier gentilhomme de nostre
chambre (1) ; et pour ce que nous ne voulons que les services tant
recommandables et remarcables que nous a faict ledict sᵣ d'Arros
en l'administration de sa charge passent sans attestation ; de
nostre volonté et consentement, sçavoir faisons que nous denonçons
et amplement certiffions de tous les actes et comportemens dud.
sieur d'Arros et de toutes les executions et assemblées en nos d.
pays et ailleurs, soit en forme d'estats generaulx et particuliers,
en armes ou en telle façon quelconque que auroit advisé, employant
pour ce faict tant nos subjects que autres ses amis, que le tout a
esté faict pour le bien de nostre service ; avons entierement acquitté
et deschargé ledict sieur d'Arros de tous et chascuns exploicts,
actes, expeditions et executions que auroit faicts ou faict faire par
ses capitaines, soldatz et deputez, en quelque endroict, temps et
lieu et pour quelque occasion que ce soit, ensemble de toutes et
chacunes sommes par luy ordonnées estre prinses, levées et
employées pour les effects susdicts de sa charge ; comme aussy,
pour mesme moïen, nous acquittons tous ceulx qui par son commandement se sont employez au devoir de ladicte charge, sans que

---

(1) Henry d'Albret, baron de Miossens et de Coarraze, seigneur de l'Isle
d'Oléron, souverain de Bedeilles et chevalier de l'ordre du Roi. Il était fils de
Jean d'Albret, baron de Miossens et de Coarraze, lieutenant général en Béarn
sous Henry d'Albret, roi de Navarre, et de Suzanne de Bourbon Busset, qui
pendant quelque temps avait été gouvernante du jeune prince de Navarre.

Élevé avec le futur roi de France, dont il était proche parent, Miossens
accompagna dans toutes ses expéditions son jeune maître, qui l'avait choisi pour
lieutenant de sa compagnie d'hommes d'armes. Il se trouvait à Paris avec lui,
lors de la Saint-Barthélemy. Poursuivis par les assassins placés à leurs trousses
dans les couloirs du Louvre, Miossens et d'Armagnac, premier valet de chambre
du prince, se réfugièrent dans la chambre de la reine Marguerite, suppliant cette
princesse de leur sauver la vie. « Je m'en allay jetter à genoux devant le Roy et
« la Royne, sa mère, pour les leur demander : ce qu'enfin ils m'accordèrent »
(Mémoires et Lettres de Marguerite de Valois). — En 1574, Miossens fut dépêché
par le roi de Navarre en Pologne, afin d'annoncer à Henri III la mort de
Charles IX, son frère, « lui congratuler l'adoption de la couronne de France et
« le prier d'accelerer sa venue en ce royaume » (Mémoires journaux de l'Etoile).

Le baron de Miossens, qui mourut en 1598, avait épousé vingt ans auparavant
Antoinette de Pons, fille aînée et héritière d'Antoine, sire de Pons, comte de
Marennes, et sœur de la célèbre marquise de Guercheville, aimée d'Henri IV.

led. sieur d'Arros ne autres puissent estre par nous, ou nos successeurs ny autres, recherchés.

Donné à Paris le dixiesme jour de may l'an mil cincq cens soixante et quinze.

Signé, Henry, et contre signé Martel, *ab lo grand saget y pendent.*

Ainsy signé: SALEFRANQUE.

Lecta, publicata et registrata, requirente procuratore regio, en aüdience publicque, lou sept de mars mil cinq cents septante et sieys, per my jus signat notari en la Cause (1), et mandat seran aussy publicades en las courts de las seneschaussées et registrades a eternalle memory.

Ainsi signat: SALEFRANQUE.

(1) Ce terme, fréquemment employé par les huguenots de France, particulièrement pendant la minorité de Henri de Navarre, désignait le parti protestant tout entier.

APPENDICE.

ITINÉRAIRE DE MONGONMERY EN GASCOGNE

PENDANT L'ANNÉE 1569

8 juin. — Quitte Nontron, nanti des pleins pouvoirs de la reine de Navarre (*France protestante*).

21 juin. — Arrive à Castres et y organise l'expédition du Béarn.

27 juillet. — Part de Castres à midi pour se rendre en Béarn (*Mémoires de Jacques Gaches*. — Lettre de Mongonmery à Jeanne d'Albret).

28 juillet. — Occupe Mazères, en Foix, et traverse l'Ariège (*Mém. de J. Gaches*).

2 août. — Pille Saint-Gaudens (*Huguenots en Bigorre*).

5 et 6 août. — Traverse la plaine de Tarbes et loge à Pontac, le 6 au soir (*Ibid.* — *Histoire de Béarn*, par Bordenave, p. 259).

7 août. — Passe le Gave à Coarraze (Bordenave, *ibid.*).

9 août. — Entre à Navarrenx (Lettre du 11 août).

11 août. — Quitte Navarrenx et arrive sous les murs d'Orthez vers midi (Bordenave, p. 266. — Lettre du 11 août).

12-14 août. — Assiège Orthez.

15 août. — Signe la capitulation.

16 août. — Occupe la ville, où il a une entrevue avec le comte de Gramont (Bordenave, p. 276).

18-19 août. — Prend Artix et fait massacrer les frères mineurs du couvent (Bordenave, p. 280).

22 août. — Fait rendre des actions de grâce à Pau (Bordenave, p. 280).

23 août. — Séjourne à Pau (Lettre à Jeanne d'Albret).

30 août. — Entre en Bigorre, par le Vic-Bilh.

31 août. — Traverse Maubourguet.

1er septembre. — S'empare de Tarbes et met tout à feu et à sang (*Hug. en Bigorre*).

2-4 septembre. — A Tarbes.

5 septembre. — Quitte cette ville (Lettre à Jeanne d'Albret), pour aller en Chalosse (Bordenave, p. 286).

6 septembre. — Occupe et rançonne Marciac (Lettre).

7 septembre. — Entre à Aire-sur-Adour (Lettre).

11 septembre. — A Grenade-sur-Adour (*Ibid.*).

19 septembre. — Traverse Amou (*Ibid.*).

20-28 septembre. — Va à Navarrens, où il ordonne l'exécution de Bassillon, gouverneur de cette ville.

28 septembre. — Arrive à Salies de Béarn (Lettre).

1-6 octobre. — Séjourne à Salies, où il réorganise la justice.

10 octobre. — Ouvre le synode de Lescar et part pour la Bigorre.

13 octobre. — Occupe Betplan (*Huguenots en Bigorre*).

14-17 octobre. — Établit son camp à Lahitole (*Ibid.*).

18 octobre. — Quitte Lahitole et se dirige vers Marciac (*Ibid.*).

21 octobre. — Arrive à Nogaro (Lettre), qu'il pille et brûle (*Hug. en Bigorre*).

22 octobre. — Traverse Eauze (*Comment.*).

3 novembre. — Occupe Condom (*Hug. en Bigorre*), d'où il écrit aux consuls d'Auch.

3-17 novembre. — Fait des courses dans l'Armagnac ; menace Auch et Lombez; ravage Samatan (*Hug. en Bigorre*).

17 novembre. — Rentre à Condom (Dupleix), d'où il écrit aux consuls de Bagnères (*Huguenots en Bigorre*).

Décembre. — Faict sa jonction avec l'armée des princes.

TABLE DES DOCUMENTS

TABLE ANALYTIQUE

Nous prévenons le lecteur que cette table analytique renferme sur quelques-uns des personnages cités dans ces documents des renseignements nouveaux, survenus trop tard pour être mis à leur place. (J. de C. du P., secrét. de la Com.)

A

ABADIE (Arnaut d'), abbé laï de Moncla ; ses biens sont saisis, 87.

ABADIE (Thibaut d'), abbé laï d'Anoye ; sa maison est saisie, 85.

Abère (les revenus de la cure d') saisis, 81.

ABÈRE (Johanot de Cauna, seign. d'). Ses biens sont saisis, 85.

Abos (maison seigneuriale d') saisie, 86.

Agen, 57.

Aire (diocèse d') ravagé par les huguenots, 65.

ALBE (le duc d') fait de grands armements contre les huguenots, 43.

ALFRÈDE, cap. cath., entre dans Oleron, 31.

AMOU (Charles de Caupenne, baron d'), fait prisonnier à Orthez, 51.

Amou occupé par Mongonmery, 66.

ANCIONDO (Bernard d'), conseiller de la reine de Navarre, tenait la commanderie de Saint-Michel, 68. — Sa mort, 79.

ANDOUINS (Martin d') afferme les biens saisis de la cure et de la seigneurie de Lucarré, 82, 86.

ANDOUINS (Arnaud d'), hab. de Gan. Ses biens sont saisis, 88.

ANGLETERRE (la reine d') : la Cour cherche à refroidir son zèle pour les protest. de France, 42. — Surprend des lettres qui lui apprennent qu'on médite une descente dans ses états, 43.

ANJOU (duc d') écrit à la reine de Navarre en faveur des prisonniers faits à Orthez, 69. — Assiège Saint-Jean d'Angely, 97.

Anoye (archiprêtré d'). Ses revenus sont saisis, 82.

ARABE (Jean d'), habit. d'Asson. Ses biens sont confisqués, 89.

ARAMIS (Pierre d'), cap. protestant, commande le chât. de Mauléon, 74. — Quitte Oleron avec sa compagnie, 107.

ARBOUET (Arnaud, seigneur d'), cap. protest., gouvern. de Sauveterre, 35. — Occupe Garris, 75.

ARBUS (Peyrot d'), jurat de Momy, 82.

Arete, maison du cap. Bonasse, 30. — Coligny et ses troupes y passent la Dordogne, 97.

12

G

GACHISSANS (André de) écrit à la reine de Navarre qu'il est entré à Navarrens, 29.

Gan (noms des cath. de) dont les biens furent confisqués, 87, 88.

GAYSE (Barthélemy, seign. de) en Agenais, homme d'armes de la compagnie de Terride, fait prisonnier à Orthez, 52.

GERAUTA (Guilhem de), curé d'Assat ; ses biens sont confisqués, 91.

GERDEREST (Gabriel de Béarn, baron de), fait prisonnier à Orthez, 51, 55. — Massacré à Navarrens, 69, 92.

Gerderest (maison seigneuriale de) et ses dépendances confisquées, 91.

GOHAS (Jean de Biran, seign. de), pille Lembege, 32. — Rappelé de la Gascogne, la quitte avec regret, 111.

GOHAS (Guy de Biran de), frère du précédent, fait prisonnier à Orthez, 52. — Blessé d'une arquebusade au col, 55. — Massacré à Navarrens, 69.

GOUT (Guyon du), seign. de Saint-Germier, écrit à Cath. de Médicis les résultats de son ambassade à Pau vers la reine de Navarre, 7, 8.

GRAMOND (Jeanolo de), de Morlaas ; ses biens sont confisqués, 85.

GRAMONT (Antoine, comte de), appelé par la reine de Navarre à prendre, en son absence, le gouvernement de ses États, 9, 10, 16. — Prend possession de sa charge, 10, 11, 12. — Notice, 11. — Demande à Cath. de Médicis la charge de lieutenant général en Guyenne, vacante par la démission de Monluc, 12. — Ne peut l'obtenir, 15. — Est prié par Catherine de Médicis de faire bien observer les édits en Béarn, 14, 15. — Lui répond que les affaires de Navarre et Béarn sont en très bon état, 15, 16, 17. — Va au siège d'Oleron pour négocier la reddition de la place, 31. — Conseille au baron d'Arros de sortir de Navarrens afin de tenir la campagne, 34. — Ralentit son zèle pour les protestants, 39. — La reine de Navarre est priée de le réchauffer et de l'engager à porter secours aux troupes assiégées dans Navarrens, 39, 38. — Se tient éloigné de l'armée, 56. — Proteste à la reine de Navarre de son affection et de sa fidélité à son service, 109. — Chargé par le roi de Navarre de rétablir la religion catholique en Béarn, trouve de l'opposition dans le baron d'Arros qui soulève le Béarn et envoie contre lui des troupes commandées par son fils, 146, 148. — Est surpris à Hagetmau et fait prisonnier par d'Arros, 149, 150, 151, 152, 157. — Est conduit successivement à Orthez, à Oleron et à Pau, 168. — Ses maisons et ses biens sont pillés, 167. — Le roi de Navarre ordonne sa mise en liberté, 153, 154 et suiv. — Refus du baron d'Arros, mécontentement et insistance du roi de Navarre, 153, 154, 155, 156, 157 et suivantes. — Conclut un traité de paix et d'absolution générale avec le baron d'Arros et est mis en liberté, 166 et suiv.

GRAMONT (Hélène de Clermont, comtesse de), favorise le parti de Charles IX, 138. — S'engage à ne jamais rechercher le baron d'Arros pour l'attentat par lui commis sur la personne du comte de Gramont, à Hagetmau, 167, 170.

GRAMONT (Diane d'Andouins, comtesse de), dite la belle Corisande, dévouée aux intérêts de Jeanne d'Albret, 38. — Communique avec les cap. assiégés dans Navarrens, 39. — Prend le même engagement que sa belle-mère (voir le précédent), 167, 170.

GUAILLARD (Menyo de), jurat de Gerderest, 92.

H

I

J

L

FIN

AUCH — IMPRIMERIE COCHARAUX FRÈRES, RUE DE LORRAINE. — 185.